AF233174

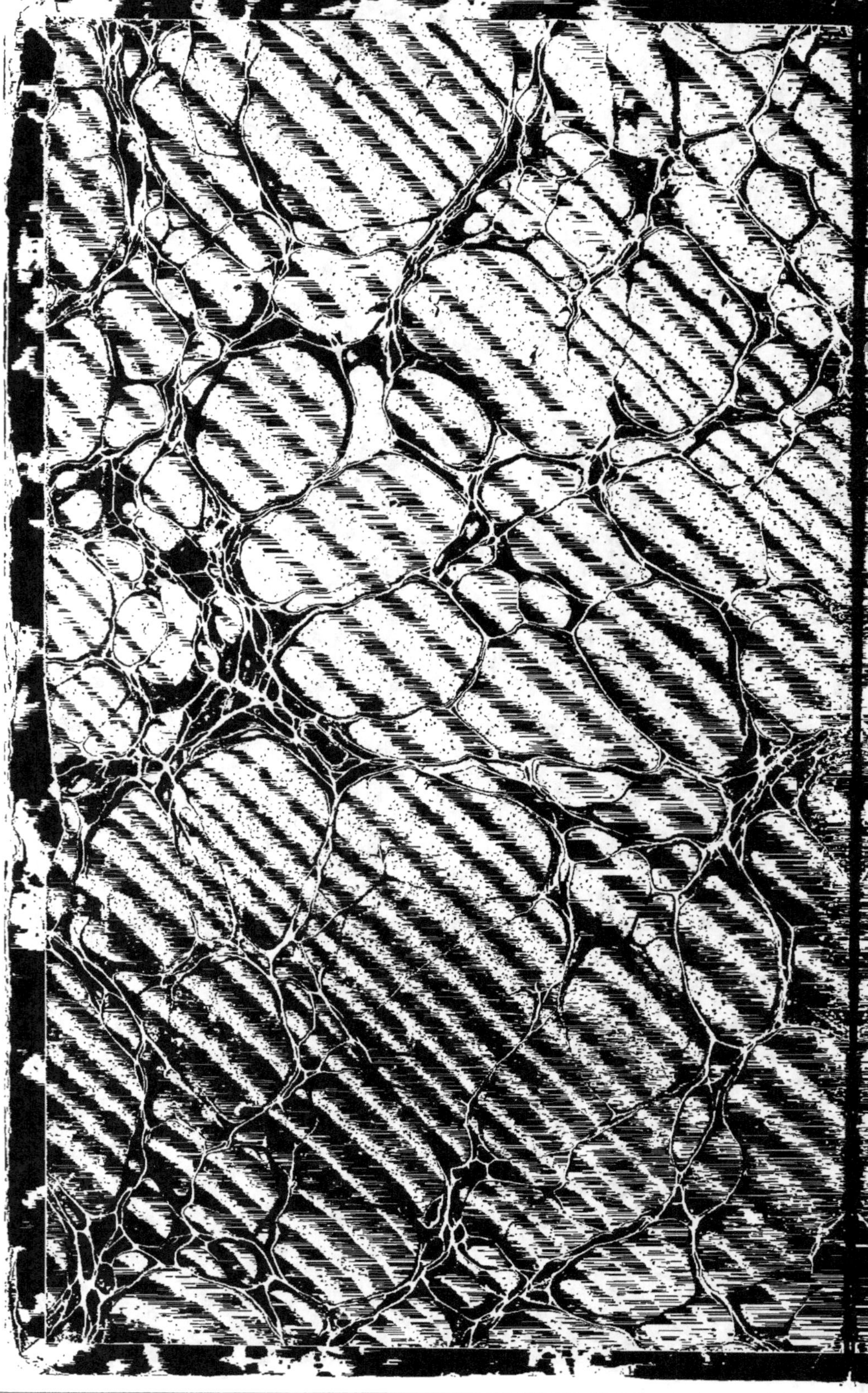

D² 2763.
Aa. 3.

C.

D²

516

ŒUVRES

PHILOSOPHIQUES

DE

LA METTRIE.

D² 5.165

ŒUVRES

PHILOSOPHIQUES

DE

LA METTRIE.

NOUVELLE ÉDITION,

Précédée de son Eloge,

Par FRÉDÉRIC II, Roi de Prusse.

TOME TROISIEME.

BIBLIOTHEQUE ROYALE

A BERLIN,

Et se trouve à PARIS,

CHEZ CHARLES TUTOT, Imprimeur,
rue Favart, N°. 427.

1796.

ÉPITRE

A MON ESPRIT.

En vérité, mon esprit, c'est dommage que vous ayiez tant de defauts, car on dit que vous n'êtes pas fot ; c'est dommage que vous participiez à cette légereté de ftyle, qui dans le moins fuperficiel de vos ouvrages eft portée au plus haut point : car autant elle eft aimable, autant elle rend l'efprit peu conféquent. De là vient que vous raifonnez fi mal : riche en imagination, on en convient, mais pauvre en jugement, & je ne doute point que quelque jour on ne vous montre en quel lieu de vos écrits il fe fait defirer. Vous êtes trop vif, mon ami ; vous penfez comme vous écrivez, trop vite. Par quelle fatale fympathie, votre imagination va-t-elle auffi vite que vos doigts! qui pis eft, cette partie phantaftique abforbe toutes les autres, comme dans fon tourbillon. Vous avez vos raifons, comme on voit, pour faire confifter l'ame dans cette feule partie, puifque les autres vous manquent. Vous tranchez cependant du philofophe. Petit philofophe, en tout cas ; & vive Dieu ! comme Defcartes vous traiteroit, s'il reffufcitoit, vous & la généreufe protection que vous vous êtes

A 2

donné les airs de lui accorder ! vous vous mirez dans vos ouvrages, comme un pere tendre dans un enfant bien tourné. Rendez-vous juftice : vous n'êtes qu'un cerveau brûlé, où tout fe calcine, rien ne mûrit : nulles idées fuivies, point de vues profondes ; on peut dire que vous ne marchez point & ne faites que fauter. On peut encore vous comparer à une terre qui produit des fruits précoces, mais cruds ; nouveaux, mais pernicieux. Enfin il y en a qui, par une raifon que Boileau nous a donnée, difent que vous êtes fou ; fou non férieux, par bonheur pour la fociété ; mais gai, qui, fans ceffer de l'être, s'eft fait une armée d'ennemis, compofée, comme dans une affemblée d'états, de la nobleffe, du tiers état & du clergé. Pourquoi ? Oh ! la belle raifon ! Pour une reine décriée, fi elle fut jamais reine, la vérité. Peut-on faire un fi mauvais ufage de la raifon ? Tous les moyens qui tournent le dos à la fortune ne font-ils pas des abus de l'efprit ? Pourquoi avez-vous fait, par exemple, pour citer une de vos folies, *l'homme-machine ?* Dites-le nous en confidence ; feroit-ce pour la vanité d'imprimer ce que les gens fenfés, ce que tous ceux qui voient le train de ce monde, fe difent à l'oreille ? Il faut cependant vous pardonner, quels que foient vos motifs ; vous avez été forcé de les avoir & de les fuivre. « Mais quand pouvez-vous ? fi votre machine eft

» montée à penser ainsi & non autrement; & la
» rendra-t-on responsable de ce que d'autres ma-
» chines lui applaudissent, & trouvent fort spi-
» rituelle une hypothese qui n'a pas le sens com-
» mun » ?

Vous voyez que je vous fais généreusement
trouver dans votre matérialisme, « matiere d'ex-
» cuser votre extraordinaire procédé. Libre néan-
» moins (si vous le permettez), libre au parti
» contraire de faire des vœux, pour que des ma-
» chines qui pensent & si légerement & si de tra-
» vers, soient portées machinalement à renfermer
» en elles-mêmes leurs belles pensées ; & à s'y
» complaire seules, sans avoir la démangeaison
» de dogmatiser ; ou si elle leur prend, & les fait
» quelquefois s'élever au-dessus de l'horizon, qu'on
» ait bientôt la satisfaction de les voir se replonger
» dans leur sphere ».

Vous faites l'esprit fort, & vous n'êtes qu'un
esprit foible, facile à terrasser. Savez-vous combien peu de choses il faut pour vous confondre ?
Une couple des *premieres* & des plus simples regles de logique, je ne dis pas de l'admirable &
séduisante *Logique des vraisemblances*, mais de
celle du premier pédant de quelque université : à
condition cependant que j'ajouterois pour renfort
« une définition claire & distincte de ce que c'est

A 3

» que qualité, de ce que c'est que quantité, & de
» ce qu'on entend par fubftance ».

Je ne fais fi vous entendez mieux ce jargon que
le précédent ; car moi qui vous le tiens, je n'y vois
que ce qu'on appelle galimathias ou amphigouri.
Tout ce que je fais, c'eft qu'à l'aide d'un pareil
verbiage, il ne tient qu'à vous d'être auffi orthodoxe qu'un fot, ou l'anonyme.

Vous n'avez, dites-vous, aucune idée de fubftance. L'ignorant ! & ignorant d'autant plus à plaindre, qu'il eft préfomptueux. Je fuis fûr que vous
compofez vos ouvrages fans le fecours de qui que
ce foit : que vous ofez faire imprimer ce qui vous
paroît raifonnable ou évident. C'eft un grand malheur, que de s'obftiner à fe conduire de la forte.
Si vous daignez vous abaiffer jufqu'à en confulter
d'autres, fur-tout des théologiens, car ce font de
grands philofophes, vous auriez une *notion claire*
de ce qu'on nomme *fubftance*, & vous reviendriez
de bien des erreurs où vous êtes.

Vous donnez à tout un nom impofant, qui n'en
impofe qu'au vulgaire : celui de la liberté phi-
lofophique. Libertinage d'efprit, vous dis-je. Et
ne pas mettre le cœur même de la partie, c'eft
une grace qu'en confcience un dévot ne peut vous
faire.

Il s'agit vraiment bien de liberté, quand on
ofe toucher à la pierre fondamentale de la reli-

gion ! Elle veut abfolument (telle eft là manie), que l'homme foit libre ; mais comme une jolie femme qui nous a fubjugués par-tout, excepté avec elle.

Quoi ! vous ne croyez pas tout ce que chante votre curé ? Vous *ufurpez le nom* de philofophe, *fans en avoir l'effet*. Lorfqu'au lieu de voltiger, comme vous faites, fur la furface de la philofophie, on la creufe, on l'approfondit ; alors la nature mieux connue, & par elle, fon auteur, loin de détourner de la religion, y conduit néceffairement & directement. Qui a dit cela ? Bacon, Locke, &c. Eh ! laiffez-là ces petits génies qui réduifent clairement tant de prétendues démonftrations à leur jufte valeur, c'eft-à-dire à O : & croyez - en fur leur parole d'honneur des auteurs d'une autorité auffi grande, des écrivains auffi *profonds*, que des Anglois.

Appliquez-vous donc plus férieufement à l'étude de la nature ; alors nous aurons lieu d'efpérer qu'un jour peut-être, & moins fuperbe, & moins ignorant, vous abjurerez enfin un fyftéme qui fait frémir les préjugés. Que dis-je ! le jour qu'il parut, la facro-fainte théologie en trembla jufques dans fes fondemens, & les chapeaux larges & plats par-dedevant de tous ces fcaramouches, ou pantalons que le peuple refpecte, furent mis plus de travers que jamais.

A 4

Voici une recette qui vous épargnera bien des veilles & des travaux : elle est courte.

Prenez un de ces morceaux de papier mou, aussi agréable qu'utile aux besoins des connoisseurs ; & avant d'en faire usage, lisez : c'est ici le secret, non de la philosophie, mais de l'église. « La ma- » tiere organisée est toujours matiere, & par con- » séquent ne peut produire le penser ». Rare & merveilleuse conséquence ! Vous êtes, mon esprit, *de beaucoup trop léger* pour en sentir la justesse & la solidité, & *pour faire des réflexions aussi profondes !*

Ah ! mon ami ; car soit que vous voyez des originaux, ou que vous lisiez leurs plus froides & plus maussades productions, vous me faites d'autant plus rire au nez des gens, qu'ils sont plus graves : Vous, avec qui ma personne iroit plutôt à la Bastille, que mon nom ne seroit cité avec éloge par un théologien ; doux charme de ma vie & toute ma ressource enfin, que je suis fâché de vous voir, au lieu de tête, je ne sais quel vase ardent, où le mercure & les sels qui vous composent ne peuvent se fixer ! Ils ne sont pas à la vérité tout-à-fait aussi insipides que les pointes & les critiques & les satyres de ceux qui vous ont honoré de leur pieuse haine ; mais ils sont de beaucoup, on ne sauroit trop vous le répéter, oui *de beaucoup trop légers* & trop volatils. Vous avez beau faire, tous les gens lourds ont reconnu d'abord le *léger auteur*; vous ne paſſerez jamais pour un bon eſprit; vous n'êtes ni aſſez férieux, ni même, j'oſe le dire, aſſez fot. On vous prouvera que vous n'avez fait qu'une feule fois tréve à tant de légereté; c'eſt lorfque vous avez montré cette pénible exactitude qu'on a remarquée dans le parallele frappant que vous avez fait de l'homme & de l'animal. On le fait : ces deux efpeces du même regne fe reſſemblent parfaitement, fi ce n'eſt qu'on veuille dire que la figure d'un ours n'eſt pas tout-à-fait celle d'une jolie femme ; & il eſt évident que l'intelligence de l'un ne differe que de quelques degrés (fi confidérables qu'on voudra) de l'intelligence de l'autre. *Conclufions forcées* cependant, ne vous en déplaife, mon efprit, toutes celles que vous avez fi clairement & fi laconiquement déduites de l'analogie de l'organifation, & des opérations animales ! Il falloit être auſſi rufé que votre compatriote, c'eſt-à-dire, laiſſer tirer aux autres de fi dangereufes conféquences. Defcartes a montré la plus prudente adreſſe ; & vous n'êtes, car il faut que je vous gronde, qu'un franc étourdi. Ce grand philofophe a dit, l'animal eſt ainfi fait; l'homme eſt ainfi fait : il a montré les deux tableaux; mais il n'a pas dit : voyez combien ils fe reſſemblent ! Au contraire, il s'eſt fort bien paſſé d'ame dans les animaux pour expliquer léurs mouvemens, leurs sentimens, & toute l'étendue de leur discernement; mais il ne s'en est point passé dans l'homme : il a voulu paroître orthodoxe aux yeux du peuple, & philosophe aux yeux des philosophes. Je sais que cette ame de nouvelle fabrique, différente de l'ame sensitive, est un hors-d'œuvre inutile, hors-d'œuvre de parade & d'orgueil, que la nature n'a point apprêté; aliment creux, dont les bons esprits ne se repaissent point; roman sacré dans l'histoire naturelle de l'homme; mais enfin c'est une poudre qu'il falloit jeter aux yeux de vos antagonistes. Le peu de cas que vous faites des poudres prouve bien que vous n'êtes pas médecin.

Mais que dis-je! ni vous, ni moi, peut-être, n'entendons Descartes; & c'est aux ministres du saint évangile à nous l'expliquer : tout leur a été révélé, jusqu'à l'action des ressorts de la machine humaine. *Risum teneatis amici.*

A propos de machine, vous me permettrez de vous dire que vous n'en avez pas la moindre idée. Avez-vous vu celle de Vaucanson & de ses rivaux ? Oui. Eh bien ! vous imaginez qu'un homme parle & joue de la flûte, comme un perroquet & le flûteur ! vous pensez qu'on peut relever, tendre ou relâcher à son gré une *ame immortelle*, comme des cordes de violon ! Vous seriez même tenté de croire qu'on pourroit faire une machine qui parlât;

ce que l'art a fait, vous fait concevoir tout ce qu'il pourroit faire. Mon ami, vous êtes dans l'erreur : on peut bien *parler sans langue*, mais non sans ame. Pour faire une machine capable de parler & de penser, il faudroit donc être à l'affût d'une ame, lorsqu'en je ne sais quel temps, & je ne sais comment, elle vient se nicher *incognito* dans nos veines; au moment même, la prendre au vol, comme un oiseau, & l'introduire par quelque voie dans la machine dont il s'agit; car n'est-ce pas ainsi que les choses se passent dans l'homme, selon les savans théologiens.

Oui savans, mon esprit. Vous avez beau dire qu'en faisant deux substances dans l'homme, & une seule dans l'animal, ils se jettent par-là dans un vrai cul-de-sac; qu'ils *tombent dans Scilla* pour *éviter Caribde*; s'ils n'étoient pas aussi éclairés que je le dis, si leurs études n'étoient pas fortement liées à la philosophie, oseroient-ils s'ériger en juges des philosophes, eux qui sont si modestes ?

Mais j'ai peur qu'on ne m'accuse moi-même de les persifler, comme vous faites. Peut-on en effet aussi gaiement manquer de respect à d'aussi graves personnages ? Tel est le danger de vivre en mauvaise compagnie : mon esprit, vous me perdez. Savez vous que ces messieurs sont de fort bons chrétiens, mais des ennemis redoutables, pour qui tout est égal, le faux & le vrai ? En voulez-vous la preuve ? Ils prétendent que fur les traces de ce benêt fi géométriquement ténébreux, vous avez formé, monfieur l'efprit fort, un labyrinthe d'athéifme, tortueux, obfcur, avec cent mille portes d'entrée, comme le fien, fans en avoir une de fortie. Si cela eft, fi vos écrits font un nouveau dédale, où le fil de la raifon ne conduifit jamais, fi vous êtes, en un mot, fectateur du propre fyftéme de Spinofa, vous méritez fans contredit le nom qu'on vous donne de *pitoyable & embrouillé perfonnage* ; mais fi Spinofa moderne (fuppofé qu'on vous prouve, ce que je ne crois pas, que vous le foyez) vous êtes auffi profond que l'ancien eft fuperficiel, auffi clair, auffi lumineux, auffi fuivi que l'autre eft rempli de ténebres, jufques dans les nouvelles idées qu'il lui a plu d'attacher aux mots dont il s'eft fervi : fi enfin c'eft par une toute autre voie que vous avez été forcé d'arborer les mêmes étendards, quel nom donner à votre tour à un auffi plat bavard que votre prétendu antagonifte ? On dit plus encore : vous avez dû, parlant à lui-même, vous avouer franchement Spinofifte. Calomnie, dites-vous : tant pis, mon cher ; car on n'en croira rien ; une bouche facrée purifie l'impofture, comme Socrate les lieux qu'il habitoit.

Je paffe, mon efprit, auffi vîte que l'anonyme *aux falutaires conclufions de votre ouvrage.* Je fuis fâché avec lui qu'un peu de bon grain fe trouve mêlé avec tant d'ivraie. Il eft difficile de dire lequel on doit préférer, ou du bonheur des citoyens puifé dans la fource impure du matérialifme; ou de leur malheur, coulant d'une fource auffi *claire* que celle du fpiritualifme. Un autre vous diroit avec tranfport : Ah ! fi vous vous égarez, mon efprit, en faifant mon bonheur & celui des autres, puiffiez-vous vous égarer toujours; l'égarement n'eft alors qu'un nom frivole & fuppofé. Un autre vous diroit; on prend pour l'amour de l'ordre, pour vertu & raifon, ce qui eft défordre, vice & folie ; il s'écrieroit : ces voies qu'on décore du faux nom de zele & de piété, ne paroîtront-elles jamais ce qu'elles font, des voies de fcandale, de honte & d'iniquité ? Sous le mafque de la religion, le tartuffe, fi bien joué, ne fera-t-il jamais décou-vert avec fon premier dieu, l'amour-propre, &c ? Mais moi je penfe tout autrement; en favez-vous la raifon ? Vous ne l'auriez jamais devinée : c'eft que je fuis un vifionnaire, un fanatique, un cerveau illuminé. Que ne l'êtes-vous un peu, mon cher efprit ? Au lieu de répondre à de fots critiques, à un *fac* d'ignorance & de préjugés, à un homme qui a vu tout l'*homme machine* dans je ne fais quel livre allemand ; enfin, au lieu de vous perdre de réputation dans l'efprit de la gent terriblement dévote, vous nous donneriez quelque jour un beau

& fublime traité de immortalité de l'ame, l'unique moyen de vous remettre en grace dans le fanctuaire. Par ce qui a fervi à faire paffer tant de rêveries, (l'algebre) ne pourriez-vous démontrer celle-là ? Je crois que le P. Tournemine a donné la folution du même problême par la géométrie. Vous ignorez, dites-vous, ce que favent tant de gens bornés : vous aurez le plaifir de l'apprendre. Si vous le faviez, vous n'auriez, comme Pafcal, que celui de le mé-prifer. Adieu, mon efprit, foyez, s'il fe peut, moins grave, & croyez que la bonne plaifanterie eft la pierre de touche de la plus fine raifon. Je vous fouhaite, au refte, & à l'anonyme, la bonne année, accompagnée, comme le fera vraifemblable-ment ce perfiflage, de plufieurs autres.

LA VOLUPTÉ

PAR

Mr. LE CHEVALIER DE M***,

Capitaine au régiment Dauphin.

Scribere juſſit amor.

A MADAME

LA MARQUISE DE ***.

C'EST votre ouvrage que je vous offre ; votre seule idée m'a inspiré ; je lui dois tout ce qu'il y a de plus délicat & de plus séduisant dans cet essai. Vous vous y reconnoîtrez, vous y lirez avec plaisir l'histoire de nos amours. J'en ai voulu laisser des traces publiques, pour me rappeler, si j'ai le malheur de ne pas vous aimer toujours, combien vous m'avez été chere, dans un temps où mon cœur épuisé ne sentira peut-être plus rien. Il est des momens, vous m'aimez trop pour ne pas les connoître, où la force de l'imagination représente si vivement à l'esprit un objet adoré, qu'on croit le voir & être avec lui : que dis-je ! on le voit, on lui parle, on le touche, on le trouve sensible, on rend hommage à tous ses charmes. C'est dans ces heureux momens, que souvent l'illusion m'accorde de plus grands biens, que la réalité même. Quels transports, quelle tendresse, quelles caresses vous recevez, vous rendez à votre amant ! l'honneur, la raison, toutes ces belles chimeres, que vous respectez aux dépens de nos plaisirs, s'évanouissent enfin. Pourquoi mettez-vous des bornes à mon

Tome III.   B

bonheur ? Se peut-il qu'un mortel dans vos bras,
forme encore un defir ? La volupté en gémit, les
fentimens du cœur ne peuvent lui fuffire, fon
empire eft fondé fur les dernieres faveurs : il faut
que tous les plaifirs des fens foient réciproquement
mélés & confondus avec nos ames, pour qu'elles
goûtent les plus délicieux tranfports.

C'eft ainfi qu'un cœur tendre & affligé cherche
à foulager les maux que lui caufe votre abfence :
malheureux cependant, après vous avoir fait
connoître la volupté, de ne pouvoir aujourd'hui
vous en offrir que la peinture.

LA
VOLUPTÉ.

LOIN d'ici, beaux efprits, précieufement néologues & puérilement entortillés : loin d'ici, vil
troupeau de ferviles imitateurs d'un modele encore
plus froid que vous : votre art trop recherché ne
me conduiroit qu'à des jeux d'enfans, que la raifon
profcrit, ou à un ordre infipide que le génie méconnoît, & que la volupté dédaigne. Vous feuls pouvez
divinemeut m'infpirer, ô vous heureux enfans de
la volupté, vous que l'amour a pris foin de former
lui-même, pour fervir à des projets dignes de lui,
je veux dire, au bonheur du genre humain; échauffez-
moi de votre génie, ouvrez-moi le fanctuaire de
la nature, éclairé par l'amour. Nouveau, mais plus
heureux Prométhée, que j'y puife ce feu facré de
la volupté, qui dans mon cœur, comme dans fon
temple, ne s'éteint jamais.

Voltaire, fois mon premier guide : tu avois trop
d'efprit pour ne pas être voluptueux, pour ne pas
préférer le fentiment à l'efprit, comme l'efprit à la
beauté même. Peintre favori de la nature, tu en
faifis tous les mouvemens, tu en connois les charmes :
chez toi la volupté noble, pour ainfi dire, polie,

décente, n'a rien de groſſierement laſcif ; épurée par la délicateſſe, toute en ſentiment, elle ſéduit le cœur par l'eſprit, qui les fait valoir. Oui, c'eſt elle, c'eſt cette volupté des honnêtes gens, qui a répandu ſur tes ouvrages cette ame qui nous touche, nous émeut, cette expreſſion attendriſſante qui donne aux arts les graces inimitables du ſentiment: Beaux arts, aimables enfans, dont le ſéjour & le pere eſt à Paris, je vous reconnois à peine en d'autres climats, mais je vous adore, élevés par Voltaire.

Que j'aime à te voir peindre ce vuide affreux d'un cœur ſans tendreſſe ! Non, rien ne peut le remplir ; tous les goûts, tous les arts, rien, tu dis vrai, rien ne peut remplacer l'amour. Mais pour exprimer comme toi la triſte ſituation d'un cœur, qui ſe voit forcé de quitter le dieu qui l'a quitté, d'un cœur, helas ! qui ne peut plus aimer, il faudroit la ſentir de même. Quels regrets plus vifs que les tiens ! Plaiſe à l'amour, qui en aura été touché, de te faire encore quelquefois ſentir les approches du plus reſpectable des dieux, ſigne conſolateur d'une amante éperdue, & telle, qu'au nautonnier alarmé, ſe montre la brillante étoile du matin.

Sainte-Foi, j'aime auſſi la volupté de ton pinceau ; il étoit digne de peindre l'amour & les graces : mais pourquoi faut-il que ton exemple & tes ſuccès

m'apprennent qu'il n'eſt pas poſſible d'être long-
temps voluptueux ?

Crébillon, voluptueux auſſi délicat que laſcif,
quelle foule de beaux eſprits , l'art de ſentir , le
goût du plaiſir raſſemble autour de toi ! L'admi-
ration eſt le moindre des ſentimens que tu leur
inſpires. Mais connoitrois-tu ſi bien le cœur des
femmes ? Aurois-tu peint à la poſterité celles de
ton ſiecle , avec des couleurs ſi voluptueuſement
cauſtiques, ſi le plaiſir , le plaiſir même, qu'elles
t'ont donné, ingrat, ne t'eût éclairé ſur des défauts
précieux à l'amour.

Moncrif , la volupté te revendique ; on t'a
injuſtement comparé à ces chymiſtes ruinés , qui
ont la fureur de nous enſeigner le ſecret de faire
de l'or : le bonheur que tu as d'être aimé d'un
grand miniſtre , t'a fait croire qu'il y avoit un *art
de plaire*. Peintre charmant des plaiſirs de la jeune
Aurore & des regrets du vieux *Titon* , tu méri-
terois de recommencer ton cours, pour avoir ſi
bien décrit l'amour & ſes douceurs. Ah ! ſi Jupiter
t'accordoit de nouvelles années, ſans doute , tu
ſaurois bien les reperdre, mais dans les plaiſirs ,
mais moins vîte, que cet amant prodigue ! meilleur
économe des faveurs du plus grand des dieux,
tu ménagerois la vigueur de ta jeuneſſe , pour
prolonger ta felicité.

Voluptueux de toutes les ſaiſons, que tu fais

corriger & embellir, apôtre & rival d'*Ovide*; gentil *Bernard*, quand donc veux-tu lui donner en public tes leçons dans *l'art d'aimer*? Mais si c'est un art imposteur, que je l'ignore toute ma vie. Non, je ne tromperai point un objet qui me rend heureux, si ce n'est pour le rendre plus heureux lui-même.

Gresset, pourquoi garder si long-temps le silence? en continuant de nous décrire la volupté, ne sera-ce pas la sentir toi-même? Qu'importe, si ton cœur est heureux, que ton esprit en soit énervé? Peins-nous jusqu'aux plaisirs, qui se mêlent aux pavots de Morphée: peins-nous ces songes toujours trop courts, où rien ne distrait l'ame enivrée de la plus pure volupté; dis si la réalité même fait plus d'impression sur les sens. C'est ici la preuve que le bonheur n'est qu'une illusion agréable, une heureuse façon de sentir, qui dépend de l'imagination. Mais que ton pinceau prête des couleurs aimables à cette vérité. Tu sais que

» *Souvent en s'attachant à des phantômes vains,*
» *Notre raison séduite avec plaisir s'égare,*
» *Qu'elle-même jouit des objets qu'elle a feints,*
» *Que cette illusion pour un moment répare*
» *Le défaut des vrais biens, que la nature avare*
 » *N'a pas accordés aux humains.*

Mais plus poëte que Fontenelle, sois aussi philofophe que lui : fonds la glace de fes idées, fans qu'elles perdent rien de leur juſteſſe ; animes enfin, donnes la vie aux objets, même les plus fantaſtiques : l'imagination voluptueuſe attend de toi ſon triomphe.

Et toi, *Bernis*, convive aimable & décent, qui fais oublier l'indécent *Grécourt*, tu es plus propre à inſpirer le goût du plaiſir, qu'à convertir les incrédules ; lis - nous ces vers charmans, que t'ont dictés de concert les graces & la volupté, & qui, préſentés par *Cypris*, t'ont élevé à un rang, que tu dois peut-être en partie aux ouvrages d'amour, qui ont ſu plaire à la déeſſe.

Toi-même, cher FRÉRON, que veux-tu faire à pareil prix de la mauvaiſe ſucceſſion d'un prêtre encore plus mauvais qu'elle ? Crois - moi, laiſſe critiquer les eſprits froids qui ſont ſans talens : connois-toi mieux, cedes au beau feu de ton imagination poëtique ; qu'il te ſerve à te bien peindre à toi-même les beautés de LUCRECE, comme le nouveau traducteur de PÉTRONE, s'étoit ſans doute pénétré de celles de ſon auteur. Pour bien traduire LUCRECE, il ſuffit d'être, je ne dis pas meilleur philoſophe que toi, mais auſſi mauvais phyſicien que lui. Mais pour invoquer l'amour d'une maniere digne de ce dieu & du poëte qui l'a chanté, pour rendre en beaux vers les magnifiques deſcriptions d'un écrivain, qui s'exprimant toujours avec force, n'a pas toujours dédaigné l'harmonie, il ne faut rien moins que l'impétuofité de ton génie, & de ton goût pour les plaifirs voluptueux ; & c'eft ici principalement que tu dois te montrer plus EPICURIEN, que l'auteur même.

Toi-même encore, PIRON, fais voir que le rival obfcene du célebre auteur de *l'ode à la fortune*, connoît plus d'un chemin pour arriver à l'immortalité : mets un frein à cette imagination fougueufe & trop groffierement lubrique ; peins-nous VÉNUS, non la Cynique, non dans ces jours de luxure, où elle follicite impudemment *Priape*, à la face de tous les dieux, mais dans ces momens de modeftie piquante, où portant une ceinture de gaze, qui couvre en partie fon beau fein, on la prendroit pour la volupté même ; surtout lorfque tenant à la main les loix & les faftes de fon *école*, elle chante ces vers, plus dignes de l'amour, que de la *folie*.

» *Venez tous, venez faire emplette,*
» *Je vends le fecret d'être heureux,*
» *Je fais difpenfer ma recette*
» *Par les plaifirs & par les jeux.*

Mais quoi, je t'oubliois, charmant abbé ? Avec quel plaifir je reconnois ton ombre immortelle, à la volupté qui la fuit ! Quittes, je t'évoque du fein des morts, quittes ces champs toujours verds, & l'éternel printemps de ces jardins fleuris, riant féjour de ces ames tendres & généreufes, qui ont joint le plaifir délicat de faire des heureux, au talent d'être heureufes. Enivré des joies les plus pures, s'il t'eft poffible, reprends ta premiere forme, pour mieux les fentir encore ; ou fi tu ne peux quitter les *La Farre*, les *la Faye*, les *Chapelle*, & autres mânes aimables, auprès de qui la plus douce fympathie t'enchaîne pour jamais, qu'il naiffe de ta cendre un autre toi-même, qui m'apprenne à venger l'amour du culte indifférent de la plupart des mortels.

Mufes, graces, amours, qui futes les dieux, les feuls dieux de CHAULIEU, comme de *Voltaire*, ou rendez-le à mes tranfports, ou daignez etre les miens ! Sans vous, fans votre adorateur, comment peindre ces jouiffances parfaites, ces contentemens, ces extafes d'une ame éperdue, dont la tendreffe furpaffe encore les tranfports ? Le vainqueur de l'Inde a cent fois chanté *les glous glous de la bouteille.* Je veux dire ceux de l'amour, incomparablement plus délicieux. Toi, qui les as fi fenfiblement goûtés, durant le cours de la plus agréable vie, trop aimable voluptueux, comment rendre ce qu'il y a de plus fenfible dans les amours des tendres colombes ? Comment expliquer cette efpece

de *philtre naturel*, qui paroît tenir du miracle ?
Par quel prodige laisse-t-il passer l'ame de l'amant,
pour recevoir en échange l'ame de l'amante ? Par
quelle incroyable vertu, ces ames, après avoir
mollement erré sur des levres chéries, aiment-elles
à couler de bouche en bouche, & de veine en veine
jusqu'au fond du cœur ? Y chercheroient-elles la
source du bonheur, dans des sentimens plus vifs !
Quelle est cette divine, mais trop courte métemp-
sycose de nos ames & de nos plaisirs ?

Charmes magiques, amans de la volupté, mysteres cachés de Cypris, soyez toujours inconnus
aux amans vulgaires ; mais pénétrant tous mes sens
de votre auguste présence, si je ne puis imiter les
graces voluptueusement négligées de *Chaulieu*, si
je ne puis prendre le sublime essor de *Pindare*,
ou de *Milton*, donnez-moi la magnificence du
pinceau Anglois, pour peindre *Cythere*, comme
il nous a tracé les délicieux jardins *d'Eden*.

Qui que vous soyez enfin, tendres sectateurs de
la volupté, sublimes ou naïfs interpretes de la
nature & des sentimens du cœur, RACINE, LA
FONTAINE, ROUSSEAU, ST. EVREMOND,
MONTAGNE, mes deux philosophes, CATULLE,
ANACRÉON, TIBULLE, PÉTRONE, OVIDE,
MONTESQUIEU ; vous-mêmes, auteurs zélés, qui
pour faire goûter votre morale, n'avez pas dédaigné
de l'assaisonner d'une pointe de volupté qui la tue ;

ô vous tous, grands maîtres dans l'art de fentir, qui avez forcé les graces & les amours à une éternelle reconnoiffance, ah ! faites que je la partage ! mais que tout l'efprit dont vous auriez pu abufer, pour tromper la plus belle moitié du monde, s'il en eft d'auffi coupables parmi vous, ne me ferve qu'à augmenter les plaifirs. Que je préfide du moins à ceux de ma Céphife, avec la même ardeur que je les partage ! le bel efprit du fiecle, foyez-en fûrs, ne m'a point corrompu ; ce que la nature m'en réfervoit, je l'ai pris en fentiment, pour être, s'il fe peut, digne de vous.

Cependant, s'il ne m'eft pas donné de vous fuivre, laiffez-moi du moins un trait de flamme, qui me guide vers le temple de la volupté, comme ces cometes qui laiffent après elles un fillon de lumiere qui montre leur route.

Vous, belles, qui voulez confulter la raifon pour aimer, je ne crains pas que vous prêtiez l'oreille à mes difcours : la raifon emprunte ici, non le langage, mais le fentiment des Dieux. Si mon pinceau ne répond pas à la fineffe & à la délicateffe de votre façon de fentir, favorifez-moi d'un feul regard, & l'amour qui s'eft plu à vous former, fera peut-être en votre faveur, couler de ma plume la tendreffe & la volupté, qu'il fembloit avoir réfervées pour vos cœurs. Philofophe de la fabrique de Chaulieu, attaché à sa secte par le goût le plus vif, il ne rougira point, je l'espere, de m'entendre prêcher son évangile, cet art de passer agréablement la vie, art de Psyché, qu'inventa la nature. J'entre en matiere.

En général plus on a d'esprit, plus on a de penchant au plaisir & à la volupté. Au contraire il me paroît que dans le commerce du monde, les sots, les esprits bornés sont communément les plus indifférens & les plus retenus. Sans-doute le plaisir qu'ils sentent avec peu de vivacité, les emporte rarement au-delà des bornes de la raison. Examinez tous ceux qui se sont ruinés pour s'être trop livrés au plaisir, ce sont la plupart des gens qui ont autant d'esprit que peu de conduite.

C'est déjà faire l'éloge des écrivains voluptueux : car pour peindre la volupté, il faut la sentir, & on ne sent d'une maniere exquise ou delicate, qu'à force d'esprit.

Je partage ces auteurs en deux classes : les uns sont obscenes & dissolus, & les autres sont des maîtres de volupté plus épurée. Les premiers prostitués à la débauche, donnent dans les excès les plus odieux ; ils écrivent presque tous conformément à leur liberté de penser ou à la dépravation de leurs mœurs, & ils trouvent des lecteurs bien dignes d'eux, qui loin de détourner leurs regards,

les fixent avec tranfport fur la nudité de leurs tableaux , & loin de craindre l'impreffion de peintures
trop licentieufes, s'y livrent éperdument.

Le caractere de ces efprits eft de lever le rideau
fur les orgies des Bacchantes , de révéler les
myfteres les plus impudiques du dieu des jardins ,
& de ne pas même fouffrir l'apparence de retenue,
dans ces nymphes qui feignant de ne rien voir ,
regardent finement Priape , au revers de leurs
doigts écartés.

A peine font-ils entrés dans l'avenue du temple
de l'amour , qu'ils commencent par faire main-
baffe , pour ainfi dire , fur tout ce qui offenfe leurs
regards ; dans leur amoureufe fureur , ils déchirent
impitoyablement le voile de gaze , qui couvre les
appas naiffans des plus jeunes bergeres : voulant
tout voir fans rien imaginer, fe privant du defir
même , ils ne croiroient pas avoir peint la nature,
s'ils ne la repréfentoient nue & dans toutes fortes
d'attitudes , variées à l'infini par les mains ingé-
nieufes de la lubricité.

Telle eft la lafcivité de leur imagination , qu'elle
ne fe repaît que des obfcénités les plus révoltantes.
Si on les déguife , fi on les adoucit , elle tombe
dans l'ennui & dans la langueur, comme ces corps
vigoureux trop foiblement nourris. Il n'eft rien de
trop fort pour leurs organes endurcis ; il n'y a
que les odeurs les plus impures qui puiffent y faire

impreffion, & enfin leur odorat corrompu, comme leur cœur, femble avoir regret aux moindres particules, qui ne l'ont pas frappé : c'eft autant de fenfualités perdues. Mais encore une fois, toutes couvertes que font les production de ces écrivains de l'écume la plus luxurieufe, mille efprits libertins les aiment & les chériffent uniquement. A peine font-ils fenfibles à de plus foibles attraits, tandis qu'ils reçoivent avec tout le trouble des plus fortes paffions, la molle douceur des idées lafcives qu'on leur communique. Admirable, mais dangereufe fympathie de l'imagination de deux hommes diffé-rens! C'eft ainfi que le goût du plaifir, qui eft un plaifir lui-même, naît quelquefois de la débauche la plus outrée.

Tel eft le danger de ces plumes impures, que la vertu la plus affurée fent bientôt qu'elle s'ébranle & chancelle. Le tempérament le plus tranquille & le plus froid fe trouve peu-à-peu livré à une douce émotion, fuivie de mouvemens & de defirs qu'un objet phantaftique vivement peint, fait quel-quefois éclore plus efficacement que la réalité, dont il n'eft que l'image.

Ainfi plus un livre obfcene eft bien fait, plus tout y eft imaginé avec force, plus les couleurs font vivement appliquées, plus ces ouvrages font féduifans & dangereux, fur-tout fi les yeux font frappés par la représentation même des horreurs qu'on décrit.

Toute impudique qu'est Vénus, elle est la mere des hommes & des dieux ; par elle germe & brille la nature, & le monde entier se perpétue : évitons ses charmes, & redoutons sa puissance. Si le plus sage des mortels ne cherche pas son salut dans la fuite, qui l'assurera qu'il n'aura pas à se reprocher d'avoir rendu à la facile déesse les hommages les plus grossiers.

Ces beaux esprits, qui abusent des dons de la nature les plus précieux, ne se soutiennent, ne brillent que par les plus sales peintures, ne méritent pas d'être ici nommés ! Je ne sais même si je n'aurai point à rougir de m'arrêter un moment à ceux qui, dans ce même genre, se sont montrés plus volup-tueux qu'obscenes, c'est-à-dire, qui, au lieu de se livrer à une licence effrénée, ont excellé dans l'art de donner aux mêmes objets des couleurs plus douces, & qui enfin supprimant toute expression choquante, ont affecté de conserver une espece de dignité dans la prostitution de leur esprit & de leurs talens, semblables à ces femmes vertueuses, qui savent tomber avec décence, & s'attirer dans leur chûte autant d'hommages du respect même, que du plaisir qui a séduit leur cœur. Je ne demande grace, au reste, que pour Pétrone, qui pourroit la refuser ?

Avec quelle délicatesse cet auteur nous expose tous les genres de voluptés! Rien ne révolte, rien n'effarouche la pudeur dans ses écrits; il fait l'apprivoiser par un air de retenue, & il la seduit enfin par les charmes de son esprit & par la volupté de son pinceau. Jamais un baiser n'est donné seul; il est suivi de mille autres baisers plus doux. Leur feu se glisse secretement dans les veines, l'ame éprouve les mèmes degrés de plaisir & de séduction par lesquels il fait passer les objets dont il est épris. Que de graces naïves & touchantes s'offrent de toutes parts! Comme il raconte l'histoire de l'écolier de Pergame! Grands Dieux! l'aimable enfant! la beauté seroit-elle donc de tous les sexes? rien ne limiteroit-il son empire? que de déserteurs du culte de Cypris! que de cœurs enlevés à Cythere! la déesse en conçoit une juste jalousie; eh! quel bon citoyen de l'isle charmante qu'elle a fondée ne soupireroit avec elle de toutes les conquètes que fait le rivage ennemi? Beau sexe, cependant, n'en soyez point si jaloux: ce grand maitre des voluptés que vous désapprouvez, a moins voulu, dans l'excès de son raffinement, vous causer des inquiétudes, que vous ménager des ressources contre l'ennuyeuse uniformité des plaisirs, que l'inconstance aime à varier. En effet, combien d'amours, petits ou timides, qui s'effarouchant d'un côté, ont été bien aises d'en trouver un autre,

pour

pour ne pas coucher, ou peut-être mourir (car
qu'en fais-je ?) à la porte du temple ! Combien
d'autres, excités par une simple curiosité philosophique, rentrant ensuite dans leur devoir, ont si
bien servi le véritable amour, que pour ses propres
intérêts, ce dieu des cœurs, en bon casuiste,
n'a pu quelquefois se dispenser de leur accorder
conditionnellement une indulgence dont il profitoit.

Vous avez de l'esprit, Céphise, & vous êtes
révoltée par ces discours, vous vous piquez d'être
philosophe, & vous vous feriez un scrupule d'user
d'une ressource permise par *Sanchez*, & autorisée
par l'amour ! Quels seroient donc vos préjugés, si
comme tant d'autres femmes, vous aviez le malheur
de n'être que belle ! ah ! croyez-moi, chere amante,
l'empire de l'amour ne reconnoît d'autres bornes
que les bornes du plaisir.

Mais, Céphise, vous le savez, & ce seul trait
doit désarmer votre colere, vous vous souvenez
du tribut amoureux que Pétrone rendit à des
charmes semblables aux vôtres, dans cette nuit de
délices, dont il semble avoir conservé tous les
transports. Quels plaisirs son ombre enveloppoit !
Le peintre passionné prend les dieux & les déesses,
pour témoins de son bonheur : non, jamais les plus
heureux habitans de l'Olympe n'ont goûté de si
grands biens. Que de mollesse ! que de volupté !
quelle jouissance ! grands dieux, pourquoi qui fait

auſſi bien aimer, n'eſt-il pas immortel comme vous?
les deux amans brulans d'amour, collés étroitement
enſemble, agités, immobiles, ſe communiquoient
des ſoupirs de feu : leurs ames errantes ſur leurs
levres, confondues enſemble par les baiſers les plus
laſcifs, ne ſe connoiſſoient plus ; éperdument livrées
à toute l'ivreſſe des ſens, elles n'étoient plus
qu'un tranſport délicieux, avec lequel ces mortels
ſe ſentoient mourir.

C'eſt ainſi que Pétrone parle de ſes plaiſirs. Ses
peintures ſont vives ; mais elles n'ont rien d'indécent, rien de groſſier ; elles ne reſpirent que l'air
le plus pur de la volupté. Mais n'ai-je pas lieu de
craindre que cet air ſe corrompe, en paſſant par
d'autres organes? Et comme ſes beautés, ſa délicateſſe n'eſt-elle pas inimitable ?

Qu'il faut d'eſprit, & d'eſprit voluptueux, pour
bien rendre toutes les fineſſes de cet élégant écrivain! comme il voile l'impuiſſance ! & avec quelle
ingénieuſe adreſſe, la maîtreſſe de *Polyénos* remercie cette eſpece de *Mazulim*, & fait trouver,
à ſon exemple, du plaiſir à n'en point avoir.

Si j'étois libertine, dit à-peu-près Circé, (car
je traduis librement) je me plaindrois d'avoir été
trompée, mais je rends graces à votre foibleſſe,
parce que je ne ſuis que voluptueuſe. L'attente du
plaiſir a été pour moi un plaiſir véritable. Que de
doux momens nous avons paſſé enſemble à l'ombre

de la volupté ! Oui, fans doute, j'aurois été moins heureufe, fi l'amour ne m'eût pas donné le temps de défirer fes faveurs.

Combien d'autres traits charmans je pourrois rapporter ! Pétrone donneroit envie de le lire, à quiconque auroit feulement du goût pour le plaifir ; il infpire tout celui qu'il a ; il conduit au temple de la volupté par un grand chemin tout femé de fleurs. Que dis-je ! c'eft par la volupté même, que ce courtifan trop aimable perfectionne, épure le fentiment de ceux qui le lifent avec un efprit digne de lui.

Il eft une autre *Vénus*, une autre forte de plaifir, & d'autres maîtres de volupté. Voluptueux fans crapule & fans débauche, fenfuels enfans du plaifir, dont ils font plutôt économes que fectateurs, ils boivent, pour ainfi dire, la volupté à longs traits ; ils n'ont pas une feule fenfation fur laquelle il ne fe replient en quelque forte mollement ; & cette molleffe, par laquelle une impreffion plus profonde pénetre intimément les fens, eft la vraie fenfualité.

Effayons de mieux faire fentir la différence du caractere de ces divers écrivains. Chez ceux que nous avons appellés obfcenes & impudiques, la nature violant toutes les loix de la pudeur & de la retenue, & ne femblant connoître que celle de l'indécence & de la lubricité, n'offre à nos fens agités, que l'écumante lafcivité de fes mouvemens

& de ses postures. Le même poison se trouve chez les autres; il y est seulement adouci, apprêté avec plus d'art : ils aiment à le cacher sous des fleurs qui loin de le faire craindre, invitent à l'y chercher. Eh ! que leur succès m'ont bien appris que le sentiment du plaisir, épuré par la délicatesse & la vertu, loin d'exclure la volupté, ne sert qu'à l'augmenter ! Oui, l'art avec lequel ils ménagent la pudeur, est l'art de le faire disparoître : sous le voile séducteur dont leurs objets sont ingénieusement couverts, ils font plus de conquêtes que ceux qui montrant tout à découvert, ne laissent plus rien à désirer.

Vous donc, qui voulez faire sentir la volupté dans vos écrits, imitez ces beaux esprits, qui maniant élégamment leurs sujets, & ne présentant jamais que d'aimables nudités, empruntent de nouvelles graces de l'industrie avec laquelle elles sont voilées, & savent, sans se perdre dans une volupté métaphysique, modifier à l'infini, mille idées les plus agréables, mille sentimens divers ! que tous vos détails soient rians, & forment un tout qui enchante, qui ravisse l'imagination de vos lecteurs. Si vous avez du goût, sans donner dans les pieges que la vanité tend trop souvent aux plus médiocres auteurs, vous pourrez juger vous-mêmes votre ouvrage, par la force de l'impression, & les secousses heureuses que votre propre imagination

en recevra. Mais pour plaire à un tel point, pour
enlever les cœurs, penſées fines & délicates, ri-
cheſſe d'expreſſions, tours heureux, hardieſſe de
pinçeau, traits ſublimes, il faut que toutes les beautés de la nature ſoient relevées par celles de l'art :
il faut que les unes & les autres, ſoient, ſi l'on
me permet de parler ainſi, comme ſurpriſes de ſe
trouver raſſemblées, ſous un même point de vue,
avec tant de charmes. Il faut donc ſentir ſoi-même
par quelle inimitable adreſſe, on dit mieux les choſes, en les ſupprimant ; comment on irrite les deſirs, en aiguillonnant la curioſité de l'eſprit, ſur
un objet en partie couvert, qu'on ne devine pas
encore, & qu'on veut avoir l'honneur de deviner !
par quel ſéduiſant preſtige, par quel art de faire
ſoupirer pour des attraits galamment cachés, la
volupté s'embellit & ſemble recevoir des graces
piquantes, comme la beauté même! Je hais toute
affectation, elle éloigne la nature : ayez des graces, ſans trop paroître vous en donner : mais ſi
vous dédaignez de plaire, (je parle aux belles,
comme aux écrivains) je dédaigne auſſi tous vos
charmes.

Tels ſont les divers effets de l'attrait inſenſible,
ou groſſier de la volupté, que tantôt elle ſéduit
l'ame imperceptiblement; & ſemble ne marcher en
quelque ſorte par un chemin couvert, que pour
mieux ſurprendre nos cœurs, & tantôt déployant

toutes ses forces, elle nous maîtrise ouvertement. Le moyen de lui résister! Dans l'univers, tout cede à sa puissance. Comment nos cœurs pourroient-ils être en sûreté? La réflexion n'a pas le temps de les mettre en défense: mais s'il y a plus de plaisir à être vaincu, qu'à être vainqueur, une telle défaite vaut une victoire; les sens triomphent dans les bras de la volupté.

Au reste les voluptueux, ou grossiers, ou délicats, conduisent au même but, les uns plus vîte, les autres plus lentement. Le beau Narcisse n'a point d'autre maîtresse que lui; il meurt d'amour, dans les vains efforts qu'il fait pour, & sur lui-même. Sapho voudroit être ce qu'elle n'est pas: des désirs, qu'elle ne peut satisfaire, la rendent ingénieuse. Que n'imagine pas cette fille amoureuse de son sexe, pour en changer, autant qu'elle le peut? Pour être homme, pour en goûter les plaisirs, elle *ment l'homme*, comme parle Martial, elle fait son personnage, ou plutôt elle le joue. Suzon, dont on trouve l'histoire dans le livre le plus dangereux qui ait jamais paru, si le danger est proportionné au puissant empire de la lecture sur l'imagination, Suzon, dis-je, desire qu'on lui fasse ce qu'elle a vu faire. Avec quelle amoureuse curiosité, elle regarde les mysteres d'amour! Plus elle craint de troubler les prêtres qui les célebrent, plus elle en est elle-même troublée: mais ce trouble, cette émotion ravit fon ame. Dans quel état d'ineffable volupté elle eft trouvée par ce fripon de frere qui l'examine ! trop attentive, pour n'être pas diftraite, la lubricité de cette petite coquine, l'empêche-t-elle de fentir les doigts libertins qui la touchent, au moment même qu'elle femble s'ouvrir à leur approche ? Où ne voudroit-elle être défenchantée, que par de plus grands plaifirs ? Enfin le beau Giton gronde le Satyre qu'il a choifi pour fes plaifirs; tout enfant qu'il eft, il s'apperçoit bien de l'infidélité qu'Afcylte lui a faite : il donne à fon mari plus de plaifir, qu'une femme véritable; eft-il furprenant qu'il mette fes faveurs au plus haut prix, & que le plus joli cheval, le courfier de Macédoine le plus vîte puiffe à peine les payer ?

Voilà des defcriptions dangereufes dans la bouche de leurs auteurs, fur-tout lorfque donnant, pour ainfi dire, un corps à ces idées, ils ont peint au naturel l'inconftance & la corruption du cœur, avec les poftures les plus lafcives de tous ces honteux enfans d'une débauche réprouvée par la nature. Certes de telles peintures, qui peuvent ébranler nos foibles cœurs, jufques dans leurs premiers fondemens, ont beaucoup plus d'afcendant, ou de puiffance fur nos fens, que la defcription fimple du temple de l'amour, des plaifirs de la belle Gabrielle d'Eftrées, du libertinage de *Manon Lefcaut*, que la peinture naïve des amours de *Daphnis &*

Chloë, que l'amour en un mot le plus voluptueufement, ou le plus délicatement rendu dans la *prin-
ceffe de Cleves*, dans *Tanzaï & Néadarné*, dans le
Sopha, dans les *égaremens de l'efprit & du cœur*,
dans *Théagenes & Chariclée*, le *temple de Gnide*,
&c. ou même divinement chanté. Plus un tableau
eft lafcif, plus il forme une image naïve & par-
lante d'une réalité, que le cœur adore. Si on ne
jouit pas foi-même, on aime à voir, même en
figure, ceux que la jouiffance fatisfait. La vue des
plaifirs d'autrui nous fait du moins fentir que
nous avons en nous-mêmes la facilité d'être auffi
heureux, & qu'avec les mêmes defirs, il fuffit
d'invoquer le dieu d'amour, pour être comblé
des mêmes faveurs, & fentir les mêmes tranfports.

Dans la carriere que tant de beaux génies m'ont
ouverte, il eft donc facile de diftinguer ceux qui
l'emportent fur tous les autres. Ce font fans doute
les écrivains, qui fuyant toute idée d'obfcénité
groffiere, ont apprivoifé les cœurs les plus farouches, & font venus à bout de vaincre la pudeur,
fans la révolter. Il étoit trop jufte qu'ils fuffent cou-
ronnés de myrtes, par les mains des graces, à
demi-nues; j'en fais même parmi mes anciens amis,
à qui je décernerois l'honneur du triomphe.

Je viens à toi, puiffant maître dans l'art des voluptés, toi qui te fais un jeu de fufpendre ma ref-

piration, et d'enchanter mon ame, quand tu ne me
sembles chercher qu'à *l'amuser*: elle vole avec la
tienne, autour de l'aimable Zéïnis: avec quelle
joie, je vois l'amour allumer enfin des desirs, qu'il
eut tant de peine à effleurer! Que l'exemple de
cette jeune enfant ne vous fasse point trembler,
bergeres; ce mal que vous lui voyez souffrir, est
indispensable, lorsque l'amour fait sa premiere entrée dans un cœur: partagez seulement l'émotion
qui suit ce changement d'état, pour le desirer; &
n'en craignez point la douleur. Le *cri* que vous
entendez, est le cri d'une victoire, dont tout le
fruit sera pour Zéïnis, & la gloire pour son vainqueur.

Poursuis, cher Crébillon, acheve des peintures
qui enchantent l'univers; tous les objets que tu ma-
nies, variés sans cesse avec un art admirable,
forment une chaîne délicate de fleurs d'esprit &
de sentimens du cœur, où le mien, aujourd'hui
ravi, perdra tout son bonheur, lorsqu'il n'y sera
plus attaché. Ah! pourquoi, encore une fois, pourquoi n'as-tu pas pardonné, que dis-je? applaudi
à de tendres égaremens, dont tu n'as pu te ga-
rantir toi-même? Mais désormais plus reconnois-
sant, que la volupté n'ait plus à gémir d, te voir
tremper son pinceau, dans des couleurs qu'elle désavoue.

Mais à quel genre de volupté plus épurée, suis-

je parvenu? Ici l'églogue, la flûte à la main, décrit avec une tendre simplicité, les amours des
simples bergers. Tircis aime à voir ses moutons
paître, avec ceux de Sylvanire; ils sont l'image de
la réunion de leurs cœurs. C'est pour lui qu'Amour
la fit si belle; il mourroit de douleur, si elle ne
lui étoit pas toujours fidelle. Là c'est l'élégie en
pleurs qui fait retentir les échos des plaintes & des
cris d'un amant malheureux. Il a tout perdu, en
perdant ce qu'il aime: il ne voit plus qu'à regret
la lumiere du jour; il appelle férieufement la
mort, en demandant raifon à la nature entiere, de
la perte qu'il a faite.

Il faut l'entendre exprimer lui-même la vivacité
de ses regrets, entrecoupés de foupirs. La pudeur
augmentoit les attraits de fon amante, qui la con-
fervoit dans le fein même des plus grands plaifirs,
pour les rendre plus piquans. Avant lui, elle ne
connoiffoit point l'amour. Il fe rappelle avec paffion celle qu'il lui infpira pour la premiere fois,
& tout le plaifir mêlé d'une tendre inquiétude,
qu'elle eût à fentir une émotion nouvelle. Pendant
combien d'années il l'aima, fans ofer lui en faire
l'aveu! Comme il prit fur lui de lui déclarer enfin
fa paffion, en tremblant. Hélas! elle n'en étoit
que trop convaincue; tous ces beaux noms de fympathie, ou d'amitié, la déguifoient mal : elle fen-
toit que l'amour fe mafquoit, pour mieux la trom-

per, & peut-être fans le favoir, aida-t-elle ce dieu même à donner à ce parfait amant, autant de confiance, que fon dangereux refpect lui en avoit infpirée à elle-même. Mais fe rendre digne des faveurs de Sylvie, étoit pour Damon d'un plus grand prix, que de les obtenir. Aimer, être aimé, c'étoit pour fon cœur délicat, la premiere jouiffance; jouiffance fans laquelle toutes les autres n'étoient rien. La vérité des fentimens étoit l'ame de leur tendreffe, & la tendreffe l'ame de leur plaifirs; ils ne connoiffoient d'autres excès, que celui de plaire & d'aimer.

Pleure, (eh! qu'importe que l'on pleure, pourvu qu'on foit heureux?) pleure, infortuné berger; un cœur amoureux trouve des charmes à s'attendrir; il chérit fa trifteffe; les joies les plus bruyantes n'ont pas les douceurs d'une tendre mélancolie. Pourquoi ne pas s'y livrer, puifque c'eft un plaifir, & le feul plaifir, qu'un cœur trifte puiffe goûter dans la folitude qu'il recherche? Un jour viendra, que trop confolé, tu regretteras de ne plus fentir ce que tu as perdu. Trop heureux de conferver ton chagrin & tes regrets, fi tu les perds, tu exifteras, comme fi tu n'avois jamais aimé. Puifque tu te crois inconfolable, goûtes toutes les douceurs de cette illufion; tâches même, s'il t'eft poffible, de la méconnoître, pour être encore mieux trompé. Pourquoi faut-il que nous ayions

à nous défier de nos fenfations les plus intimes &
les plus cheres? Sommes - nous réduits à chérir
tellement l'erreur, que nous ayions à craindre de
n'y être plus livrés? Hélas! oui, nos fentimens
les plus doux font involontaires, comme nos penfées. Il faut s'attendre, loin d'y pouvoir compter,
que ceux qui nous flatttent le plus, nous feront
bientôt à charge. Plus on a l'imagination vive,
plus le cœur reçoit fortement les impreffions,
plus on eft volage; il eft trop impoffible de fentir long-temps & vivement, & par conféquent,
(j'en demanderois pardon au beau fexe, fi le général ne gagnoit pas ce que perd le particulier)
l'inconftance eft le partage néceffaire de ceux qui
favent le mieux aimer.

Que de nouveaux traits je pourrois ajouter ici !
Parlerai-je de cette femme refpectable qui craint
dé fe livrer à l'objet de fa paffion? Elle accorde
à l'idée de fon amant plus qu'à lui-même, pourquoi? C'eft, lui dit-elle, que je n'ai à craindre
avec votre idée, ni indifcrétion, ni inconftance,
& que je la fuppofe, en un mot, telle que je voudrois que vous fuffiez. Se peut-il que deux cœurs
faits l'un pour l'autre, puiffent féparément être
heureux, & que la nature, trop induftrieufe, ait
imaginé les moyens de fe paffer de l'amour, qui en
gémit ?

J'apperçois une fille aimable, que l'amour con-

duit tremblante au lit de fon amant : l'hymen feul
que fa générofité refufe pourroit la raffurer ; elle
fe pâme dans les bras de Mélis, qui meurt d'amour
dans les fiens ; mais réfervée dans fes plaifirs, elle
modere fi bien fes tranfports, qu'il n'eft que trop
fûr qu'elle ne confondra que fes foupirs. Elle fe
défie de l'adreffe même du dieu qu'elle chérit :
tout dieu qu'il eft, elle ne l'en croit que plus trompeur. Sa virginité lui eft moins chere que fon
amour ; fans doute fa curiofité feroit voluptueufement fatisfaite, avec celle de fon amant : en faifant tout pour lui, elle croit à peine avoir fait quelque chofe, parce que ce n'eft point avec lui : elle
fent bien encore qu'elle le refufe, moins qu'elle-
même ; mais elle craint les fruits d'un amour
éperdu ; elle n'entend plus que la voix d'un phan-
thôme, qui lui dit de fe refpecter. Quelqu'exceffive
que foit la tendreffe d'un cœur qui n'avoit jamais
aimé, elle n'eft point à l'épreuve de l'infamie,
comme l'amour qu'elle a pour fon amant ne feroit
point à l'épreuve du mépris. Dieu d'amour, fe
peut-il qu'une foible mortelle, que tu as féduite
par tes plaifirs, conferve encore en aimant, tant de
retenue, de force & de vertu !

Mais quels font ces deux enfans de différent
fexe, qu'on laiffe vivre feuls paifiblement enfemble ? Qu'ils feront heureux avec le temps ! Non,
jamais l'amour n'aura eu de fi tendres, ni de fi

fideles ferviteurs. Sans éducation, & par conféquent fans préjugés, livrés fans remords à une mutuelle fympathie, abandonnés à un inftinct plus fage que la raifon, ils ne fuivront que ce tendre penchant de la nature, qui ne peut être criminel, puifqu'on n'y peut réfifter, & qui eft une vertu dans un cœur incapable de tromper. Voyez ce jeune garçon : déjà il n'eft plus homme, fans s'en appercevoir. Quel nouveau feu vient de s'allumer dans fes veines ! il n'a plus les mêmes goûts ; fes inclinations changent avec fa voix. Pourquoi ce qui l'amufoit l'ennuie-t-il ? Tout occupé de fon nouvel être, il cherche à débrouiller le chaos de la nature ; il fent, il defire, fans trop favoir ce qu'il fent, ni ce qu'il defire ; il entrevoit feulement par l'envie qu'il a d'être heureux, la puiffance qu'il a de le devenir. Ses defirs confus forment un voile qui dérobe à fa vue le bonheur qui l'attend. Confolez-vous, jeunes bergers, le flambeau de l'amour diffipera bientôt les nuages qui retardent vos beaux jours. Les plaifirs après lefquels vous foupirez ne vous feront pas toujours inconnus ; la nature vous en offrira par-tout l'image ; elle eft attentive au bien-être de ceux qui la fervent. Deux animaux s'accoupleront en votre préfence ; vous verrez des oifeaux fe careffer fur une branche ; *tout vous fera de l'amour une leçon vivante.* Que de réflexions vont naître de ce nouveau fpectacle ! jufqu'où la

curiofité ne portera-t elle pas fes regards ? L'amour
l'aiguillonne ; il veut inftruire l'un par l'autre ; il a
fait la gorge de la bergere différente de celle du
berger : elle ne peut refpirer, fans qu'elle s'éleve,
malgré la contrainte de la pudeur, comme pour
s'attirer autant de defirs que de regards. Penfées
naïves, defirs, inquiétudes, c'eft alors que tout fe
dit fans fard, qu'on ne fe diffimule aucuns fentimens ; ils font trop nouveaux, trop vifs, pour être
contenus.

Mais n'y auroit-il point encore d'autres différences ? Oh ! oui, & même beaucoup plus confidérables. C'eft la rofe, que le trop heureux hymen
reçoit quelquefois des mains de l'amour, rofe vermeille dont le bouton eft à peine éclos, qu'elle
veut être cueillie ; rofe charmante, dont chaque
feuille femble couverte & entourée d'un fin duvet,
pour mieux cacher les amours qui y font nichés,
& les foutenir plus mollement dans leurs ébats.
Surpris de la beauté de cette fleur, avec quelle
avidité le berger la confidere ! Avec quel plaifir
il la touche ! Le trouble de fon cœur eft marqué
dans fes yeux. La bergere eft auffi curieufe d'elle-
même pour la premiere fois ; elle avoit déjà vu fon
joli vifage dans l'onde : le même miroir va lui fervir, pour contempler les charmes fecrets qu'elle
ignoroit.

Mais elle découvre à fon tour toute la différence

qu'il y a entre elle & son berger. Qu'elle lui rend bien toute sa surprise ! Toute émue, elle y porte la main en tremblant ; elle le caresse ; & quoiqu'elle en ignore encore l'usage, son cœur bat si vîte, qu'elle ne se connoit presque plus. Mais enfin, lorsque la nature lui suggere cet usage, elle le regarde comme un monstre, la chose lui paroît absolument impossible : elle ne sait pas, la pauvre *Nicette*, tout ce que peut l'amour.

L'idée du crime n'a point été attachée à toutes ces recherches ; elles sont faites pour de jeunes cœurs, qui ont besoin d'aimer, avec une pureté d'ame que jamais n'empoisonna le repentir. Heureux enfans ! qui ne voudroit l'être comme vous ? Bientôt vos jeux ne seront plus les mêmes ; mais ils n'en seront pas moins innocens : le plaisir n'habita jamais des cœurs impurs & corrompus. Quel sort plus digne d'envie ! vous ignorez ce que vous êtes l'un à l'autre : cette douce habitude de se voir sans cesse, la voix du sang ne déconcerte point l'amour ; il n'en vole que plus vîte auprès de vous, pour serrer vos liens & vous rendre plus fortunés. Ah ! puissiez-vous vivre toujours ignorés dans cette paisible solitude, sans connoître ceux à qui vous devez le jour ! Le commerce des hommes seroit fatal à votre bonheur ; un art imposteur corromproit la simple nature, sous les loix de laquelle vous

vivez

vivez heureux : en perdant votre ignorance, vous perdriez tous vos plaifirs.

Quels plaifirs, grands dieux ! que ceux de l'amour ! quels charmes plus féducteurs, plus ravif-fans ! Peut-on appeler plaifir tout ce qui n'eft point l'amour ? On goûte encore fes bienfaits, même après qu'on les a reçus. Heureux ceux que la nature a doués d'organes vigoureux ! pour eux tous les jours fe levent fereins & voluptueux, pour eux la jouiffance eft un vrai befoin fans ceffe renaiffant, & le befoin eft le pere du plaifir. Mais plus heureux encore ceux dont l'imagination vive & lubrique tient toujours les fens dans *l'avant-goût* du plaifir ! Examinez leurs yeux, & jugez, fi vous pouvez, s'ils vont au plaifir, ou s'ils en vien-nent. Non – feulement des amans ainfi organifés, fentiront de plus grands tranfports ; mais jouiffant encore long-temps après la jouiffance, les reftes de leur plaifir leur feront chers & précieux : voyez comme ils les ménagent, les chériffent, les prolongent ; leur état eft fi charmant, qu'ils planent, pour ainfi dire, fur fes délices, comme feroit la volupté même : ils voudroient ne les perdre jamais.

Dans le fouverain plaifir, dans ces momens divins, où l'ame femble nous quitter, pour paffer dans l'objet adoré, où les deux amans ne forment plus qu'un même cœur, qu'un même efprit animé par l'amour, à force de fentir on ne fent rien, du moins on ne diftingue aucune fenfation, on eft ravi, tranfporté, & ces tranfports font les feuls éloges dignes de la beauté.

Mais quelque vifs que foient ces plaifirs, qui rempliffent parfaitement notre ame, ce ne font jamais que des plaifirs; l'état feul qui leur fuccede eft la vraie volupté. L'ame alors, moins enivrée, eft à elle-même précifément autant qu'il faut pour contempler toute la douceur de fon état & jouir de fa fituation. Plus on a parfaitement fervi l'amour, plus on goûte le prix de fes fervices; tel eft le bonheur de l'ame en ces momens délicieux, qu'elle ne defire rien, fi ce n'eft de les faire durer long-temps.

Ne m'approchez pas, mortels fâcheux & turbulens, laiffez-moi goûter à longs traits les faveurs de Céphife. Je fuis anéanti, j'ai à peine la force d'ouvrir les yeux fermés par l'amour : mais que cette langueur a de délices ! Je vois encore Céphife ; elle eft entre mes bras, mes mains aiment à s'égarer ; par-tout où l'amour les conduit, il n'y a pas dans tout fon beau corps une feule partie que je ne couvre de mes baifers. Ah dieux ! que d'attraits & que d'hommages réels mérite l'illufion même ! Que ne puis-je toujours ainfi vous voir, bergere ? Votre idée me fuivant par-tout, me tiendroit lieu de vous-même : l'idée de la beauté vaut la beauté même, & fouvent eft encore plus féduifante. Doux fouvenirs de mes plaifirs paffés, ne me quittez jamais! De quelle douce & molle volupté je me fens pénétré! Dieux puiffans! fe peut-il que les organes du corps fuffifent à tant de bonheur? Non, de fi grands biens ne peuvent appartenir qu'à l'ame, & je la reçonnois immortelle à fes plaifirs.

Amour! combien peu fentent le prix de tes bontés! combien peu fe refpectent eux-mêmes dans les bras de la volupté! Oui, ceux qui font capables de la moindre diftraction, ceux à qui tes plaifirs ne tiennent pas lieu de tous les autres, pour qui tu n'es pas tout l'univers; ceux-là, dis-je, indignes du rang de tes élus, le font de tes faveurs: plus ils te facrifient, plus ils fouillent tes autels & profanent ton temple. Ce font des impudiques, & non des voluptueux, affez femblables à ces victimes de la débauche publique, qui font forcées de jouer tes plaifirs pour en donner.

Mais ne crains rien, Céphife, fi ces impures m'ont quelquefois féduit par leurs attraits; c'étoit pour mieux t'affurer mon cœur, comme je ne crains pas qu'un libertin me raviffe le tien. Nous fentons trop vivement l'un & l'autre: nous avons connu enfemble tout le prix de la tendreffe & de la volupté. Avec quel tranfport je me rappelle juf-

qu'aux moindres difcours que tu foupirois la premiere fois que la conquête de ton cœur fut la ré-
compenfe du mien, & ce combat enchanteur de la
vertu, de l'eftime & de l'amour ! Comme à des
mouvemens ingrats il en fuccéda peu-à-peu de plus
doux, qui ne t'inquiétoient pas moins ! Je vois tes
paupieres mourantes prêtes à fermer des yeux
adoucis & arrofés des premieres larmes d'amour ;
le rideau du plaifir fut bientôt tiré devant eux ; la
force t'abandonnoit avec la raifon, tu ne favois ce
que tu allois devenir ; tu craignois.... (hélas ! que
cette fimplicité ajoutoit à tes charmes & à mon
amour)! tu craignois de tomber en foibleffe & de
mourir, au moment même que tu allois fentir le
bien d'être & le plus grand des plaifirs. De quelle
volupté encore ta tendreffe fût fuivie ! un doux
filence fuccede aux plus violens tranfports. Dieux !
refpectez l'égarement d'une aimable mortelle, qui
s'oublie dans les bras qu'elle adore : elle eft égale
à vous en ces momens !

Pourquoi faut-il, amour ! que le don de fentir
n'ait pas été accordé à toutes les femmes avec celui
de plaire ? Le bonheur d'aimer, de jouir de ce qu'on
aime, ne devroit-il pas toujours faire goûter le
grand plaifir, à qui a le pouvoir de le procurer ?
Peut-être ce bonheur eft-il fi grand, lorfque tout
eft réciproque, qu'un cœur trop fenfible pourroit
à peine y fuffire, s'il n'étoit quelquefois diminué

par l'infenfibilité des bergeres. Mais comment, fi tendrement aimées, jouiffent-elles feules des faveurs de l'amour ? Ce dieu ne pouvoit apparemment mieux punir les infenfibles qu'en ne leur faifant point partager fes douceurs.

O ! vous qui baiffez les yeux aux paroles les moins chatouilleufes, précieufes & prudes, loin d'ici. La pudeur que vous affectez, eft fille du caprice & des préjugés : mais la volupté eft la mere du plaifir, & fon privilege la difpenfe de vous refpecter, d'autant plus que vous n'êtes pas vous-mêmes, à ce qu'on dit, fi aufteres dans le deshabillé. Loin d'ici, race dévote, qui n'avez dans le cœur que le germe de tous les vices, & pas une vertu. Etouffer les dons de la nature, c'eft être indigne de vivre ; être hypocrite, c'eft reprocher au créa-teur d'avoir fait l'homme pour le plaifir, & tromper l'univers.

Difparoiffez auffi, courtifannes impudiques : il fortit moins de maux de la boîte de Pandore, que du fein de vos plaifirs ; hélas ! que dis-je, des plai-firs ! Eh ! en fut-il jamais fans les fentimens du cœur ? plus vous prodiguez vos faveurs, plus vous offenfez l'amour, qui les défavoue. Livrez vos corps aux fatyres ; ceux qui s'en contentent en font dignes : mais vous ne l'êtes pas d'un cœur né fen-fible. La crainte & les regrets empoifonnent des plaifirs que vous ne partagez pas. Vous vous proftituez en vain ; en vain vous cherchez à m'éblouir par tous vos charmes ; ce n'est point la jouissance des corps, c'est celle des ames, qu'il me faut. Amour, pourquoi combles-tu de l'excès de tes bontés ceux qui ne sont pas voluptueux ? Le plaisir qui ne conduit pas à la volupté, est-il un plaisir ? Quoi, tu cedes à la brutalité, toi qui n'es dieu que par la volupté même !

On confond trop communément le plaisir avec la volupté, & la volupté avec la débauche. Tâchons de marquer la différence essentielle qui se trouve entre toutes ces choses. Que la physique même nous éclaire ici ; l'étude de la nature n'est pas sans plaisir pour un esprit voluptueux.

Nos sens sont le siege du plaisir. Il dépend de la tension & du chatouillement des nerfs. Dans le souverain plaisir, les nerfs sont aussi tendus, qu'ils puissent l'être, pour ne pas causer de la douleur. Un point forme la barricre, qui la sépare du plaisir ; celle de l'instinct & de la raison, n'est pas plus mince. Ce n'est donc que dans les sens qu'il faut chercher le plaisir ; les sensations d'esprit les plus agréables, ne sont que des plaisirs moins sensibles.

Mais la volupté veut être recherchée plus loin ; elle nous manqueroit souvent, si nous ne l'attendions que des sens. S'ils lui sont nécessaires, ils ne lui suffisent pas ; il faut que l'imagination supplee

à ce qui leur manque. C'eſt elle qui met le prix à
tout ; elle échauffe le cœur, elle l'aide a former
des deſirs, elle lui inſpire les moyens de les ſatisfaire. En examinant le plaiſir, qu'elle paſſe, pour
ainſi dire, en revue, le microſcope dont elle ſemble ſe ſervir, le groſſit & l'exagere : c'eſt ainſi que
la volupté même, cet art de jouir, n'eſt que l'art
de ſe tromper, comme faiſoit cette femme dont
parle Montagne, qui regardoit ſon amant avec
une loupe, pour groſſir ſon point de vue. Ah ! ſi
je me trompe, en augmentant le plaiſir de mes ſenſations & mon bonheur, puiſſé - je me tromper
toujours ainſi !

Mais puiſque la volupté & tous les ſentimens de
tendreſſe, que l'amour inſpire, réſident moins dans
les puiſſances du corps, que dans celles du cœur,
le plaiſir ne ſauroit fuir l'homme le plus blazé,
pourvu que ſon imagination ne le ſoit pas ; les
mouvemens laſcifs ont beau abandonner certaines
parties, s'ils remontent à la tête & s'y conſervent,
ce dépôt précieux éleve l'ame ſur les débris du
corps. *Autereau* a fait dans un âge fort avancé
des ouvrages tendres & voluptueux. Jamais peut-
être le cœur ne fut plus intéreſſé que dans ſa *magie
de l'amour* qu'il compoſa à 75 ans, dans le ſein
de la miſere.

Pour avoir renoncé à l'amour, on n'en eſt ſouvent
que plus digne de peindre ſes voluptés ; peut-être les

fent-on , d'une maniere recherchée & plus philofo-
phique. Tout eft volupté pour un homme d'efprit,
tout eft fentiment pour un cerveau bien organifé,
tandis qu'un fot connoît à peine le plaifir. Ses nerfs
cependant peuvent entrer en convulfion depuis le
fommet de la tête , jufqu'à la plante des pieds ;
mais comme ils font engourdis & difficiles à
remuer à leur origine , jamais , & cela faute d'imagination , ils ne goûteront la volupté. L'efprit feul
y conduit tellement , que je fuis très-perfuadé que
fi tous les hommes avoient précifément la même
imagination , ils feroient tous également voluptueux. Efprits mobiles & déliés , qui coulez librement dans mes veines , puiffiez-vous toujours , au
gré de mes defirs , faire voler le plaifir dans mon
cœur !

Vous êtes Allemand , baron , & votre manie eft
de paroître voluptueux : non , vous n'aurez jamais
l'honneur de l'être. Si la volupté eft à l'ame ce que
le plaifir eft au corps , le défaut de votre imagination ne vous permettra tout au plus d'être que
débauché : or qu'eft-ce que la débauche ? L'excès
du plaifir , fans le goûter. Vous pourrez , je le
fais , faire des miracles en amour , vous pourrez
vous fignaler par d'éclatans exploits ; tel eft l'empire du corps , qu'il peut toujours donner à l'ame ,
malgré elle , dans certaines circonftances , un plaifir
violent , qu'elle fe pardonne à peine d'avoir goûté ,

dans le sein de la rage & du désespoir. Contentez-
vous d'en prendre, & d'en donner chaque jour ;
mais puisque vous n'avez ni finesse, ni délicatesse
dans votre façon de sentir, le moyen de connoître
la volupté, ce plaisir qui s'augmente par la réflexion,
semblable en quelque sorte à ces rayons de lumiere,
qui tombent sur la surface des corps solides ! Ne
vous suffit-il donc pas, petit-fils d'Alcide, d'avoir
dans le sang tous les feux de Cythere & de Lamp-
saque, & de ne pouvoir dépenser beaucoup, sans
passer pour dissipateur, tandis que tant d'honnêtes
gens, économes forcés d'une foible santé, ruinés
par l'étude & le plaisir, privés de leurs premiers
ressorts, sont réduits à suppléer à tout par l'art
& le génie. Que ne voudrois-je point imaginer,
belle Céphise, pour vous dédommager de mon
peu de vigueur ? Avec quelle adresse, quelle industrie, quelle vivacité, je voudrois me replier sur
mon plaisir, pour vous en donner ? Quel charmant
badinage assaisonne la volupté, que le desir sou-
tient ! L'avant-goût du plaisir ne vaut-il donc pas
le dégoût qu'il traîne le plus souvent à sa suite ?
Enfin la tendresse ne seroit-elle point comparable
aux plaisirs des sens? Mais que dis-je ! comme il est
des physiononies, qui sans être belles, sont pré-
férées à la beauté même, il est, à mon avis, des
plaisirs de l'ame fort au-dessus des plaisirs du corps ;
je parle de ces tendresses infiniment pures, de ces

exquifes fenfations d'amour, de ces goûts fi vifs &
fi intimes, que la volupté même femble diftiller,
pour ainfi-dire, goutte à goutte, au fond de nos
ames. Alors en effet, elles font réellement enivrées,
& comme remplies de la perfection de leur état,
qu'elles fe fuffifent à elles-mêmes, & ne defirent
rien. Pourquoi ne puis-je peindre ici un état délicieux que je fens fi bien? Ou pourquoi fens-je fi
bien ce que je ne puis exprimer? Si les cœurs
qui font pénétrés de cette divine façon de fentir,
font parfaitement heureux, que je plains ceux à
qui des organes peu délicats ne permettent pas de
connoître cette efpece de métaphyfique de la tendreffe, & de nos fentimens les plus déliés! Oui,
j'en jure par l'amour même, j'ai vû des momens,
dieux, quels momens! où ma Céphife, éperdument
livrée à la plus douce fympathie des cœurs, aux
délices de la fituation la plus raviffante, méprifoit
dans mes bras des faveurs qu'elle prétendoit que
l'amour, en pareil cas, eût dédaignées lui-même.

Toute ame, pour ainfi parler, du moins plus
ame que corps : dieux, quelle exiftence, difoit-
elle! Quelle plus douce façon de fentir! Non,
je n'avois point encore connu l'amour..... Rejetant
enfuite tous autres fentimens plus vifs, fans doute
parce qu'ayant moins de douceurs, ils nous vio-
lentent en quelque forte par l'excès même de leur
vivacité, à-peu-près comme ces pieces comiques,

qui arrachent trop vite de l'ame l'impreſſion d'une belle tragédie ; laiſſe-moi , ajoutoit-elle , laiſſe-moi goûter en paix & ſans mélange un bien-être auſſi grand & auſſi parfait ; le plaiſir corromproit mon bonheur.

Je regarderois Céphiſe , avec le même attendriſſement qu'elle m'avoit communiqué. Tant d'amour avoit fait couler quelques larmes de ſes yeux, qui en étoient plus beaux. Son cœur ne ſuffiſant point à une auſſi douce mélancolie d'amour, n'avoit pu contenir le torrent de tendreſſe ineffable dont il étoit inondé. Mais enfin , les ſens ſe réveillant peu-à-peu , & ne voulant plus rien perdre de leurs droits, j'obtins à l'ombre de ce myſtere , ce que depuis long-temps ne m'avoit pas tout-à-fait accordé une paſſion trop prudente. Alors, nos ébats devenus plus laſcifs , ſans en paroître moins tendres ; non, reprit Céphiſe, tu ne connois point encore mes tranſports , je voudrois que toute mon ame paſſât dans la tienne.

J'avois déjà quatre fois ſacrifié au tendre amour. Céphiſe toute en feu , croyoit toucher à chaque inſtant l'heureux terme de ſes plaiſirs : mais ſoit que l'amour fût encore concentré au fond de ſon cœur , ſoit que ſon tempérament trop irrité ne répondît pas à l'ardeur de ſes deſirs , & qu'un ſeul mouvement ingrat , renvoyant le plaiſir de plus loin qu'il n'étoit venu , lui fît perdre le fruit d'une

infinité d'autres mouvemens plus doux, je la vis
désespérée, témoigner en frémissant, qu'elle ne
pouvoit supporter l'agitation où elle étoit : son
transport s'éleva par degrés, jusqu'à la fureur :
elle éprouvoit dans mes bras le sort de *Tantale*.
Le moyen de ne pas mettre tout en œuvre, pour
calmer ce qu'on aime, & faire jouir un aimable
objet, qui reçoit de nouveaux charmes par la
vivacité avec laquelle il desire la jouissance ! Un
cinquieme sacrifice put à peine appaiser cette colere
des sens mal satisfaits, & j'avoue, à ma honte,
que je tremblois qu'il n'en fallût un sixieme. Enfin
des mouvemens plus doux rappellerent la molle
volupté ; mes yeux étoient enflammés ; Céphise
ouvrit les siens, & voyant le vif intérêt que je
prenois au succès de ses plaisirs, combien de baisers pris & rendus coups sur coups, combien de
caresses sans cesse redoublées ! l'air élevé, animé,
dont je l'encourageois, dont je présidois au
combat, tout plein du dieu dont j'étois possédé,
alors, moins agitée, d'une voix douce & d'un
regard mourant, enfin, dit-elle, ... ah ! viens
vite, cher amant, viens dans mes bras, que j'expire
dans les tiens.

Quelle maîtresse, grands dieux ! Jugez si je
l'adore, si je cesserai un instant de l'aimer ! si elle a
besoin d'être jeune, comme *Hébé*, & belle, comme
la *Vénus* de *Praxitelle*, pour partager vos autels.

Mais à fon tour Céphife eft contente, elle a pour amant un grand maître dans l'art des voluptés: fans lui, le monde entier eft un *défert* pour elle; avec lui elle poffede *l'univers*. Amour eft le plus pauvre des dieux; pour toutes richeffes, il ne m'a donné qu'un cœur, & à Céphife que des fleurs pour l'enchaîner. Mais je dois le dire ici, que ce cœur eft différent de tous les autres! Complaifant, tendre, amoureux, refpeétant toujours les volortés de mon amante, n'en ayant point d'autres, & ofant à peine murmurer de fes plus injuftes rigueurs, pendant combien d'années je me fuis contenté, à l'exemple de *Montagne*, que dis-je, je me fuis trouvé trop heureux des *fimples baifers & attou- chemens* qu'on vouloit bien m'accorder! Un cœur que je n'aurois pas cru digne, ni d'elle ni de moi, fi je lui avois connu un défaut, un cœur, enfin d'autant plus parfait, d'autant plus intéreffant à fes yeux, qu'il eft plus malheureux.

Si rien ne doit jamais dégoûter un amant de l'objet qu'il aime, fi rien ne doit fufpendre un fervice, dont l'amour permet la célébration, rien auffi ne doit rendre infraéteur de la foi qu'on a jurée à fa maîtreffe. Belles, vous jugerez vos amans par leur générofité, c'eft la balance des cœurs. Veulent-ils forcer vos goûts, violer votre prudence, & fans égard pour de trop juftes frayeurs, vous expofer aux fuites fâcheufes d'une paffion fans retenue ? Soyez fûres qu'ils vous trompent, qu'ils ne font qu'impétueux, que vous n'êtes pas vous-mêmes ce qu'ils aiment le plus en vous, & qu'en un mot, c'eft à leur feul plaifir qu'ils facrifient.

Telle eft la diftinction avec laquelle un véritable amant fert l'amour. A-t-il une maîtreffe avide ? ce que le corps lui refufe, eft abondamment compenfé par le mérite & les recherches de l'induf-trieufe volupté. Sur-tout,

> *Il ne perd point à connoître*
> *Un temps deftiné pour jouir.*

S'il examine quelquefois, ce n'eft que pour augmenter fon plaifir.

Convenons donc que les plus impuiffans efforts d'un amant voluptueux, tournent plus à la gloire de l'amour, que le plaifir fugitif de ces efpeces d'animaux, qui ne fentiroient rien, fans la force & l'élafticité de leurs organes. Le voluptueux feul, à l'ombre de la volupté, réunit toutes les illufions, feul il jouit de toutes fes idées, il les appelle, il les réveille, & careffe en quelque forte celles qui lui plaifent, au gré de fon imagination lubrique : non que je fache comment l'imagination broie fes couleurs ; mais l'image du plaifir qui en réfulte, paroît être le plaifir même.

Suivons par-tout le voluptueux, dans ses discours, dans ses démarches, comme dans ses plaisirs. Il distingue la volupté du plaisir, comme l'odeur de la fleur qui l'exhale, ou le son de l'instrument qui le produit. Voyez comme il écoute, & prête à chaque instant l'oreille à la voix secrete de ses sens ! Pourquoi ? C'est pour mieux entendre le plaisir : il croiroit ne l'avoir pas senti, s'il ne l'attiroit exprès. A-t-il entre ses mains le bouquet de *Thérese ?* Comme il le considere ! il y trouve plus d'amours, que de fleurs ; il le respire avec la plus tendre & la plus naïve volupté ; un feu secret s'allume dans ses veines : quelle douce émotion ! & quelle en est la cause ? *C'est qu'il étoit contre le cœur de sa chere Thérese* : il voudroit expirer, comme lui, sur son sein.

C'est ainsi que l'art ajoute à la nature, & fait la varier à l'infini. Le voluptueux, sensible à tout, ne veut rien perdre, & ne perd rien. Pour être heureux, il n'a qu'à vouloir. La volupté est l'objet de tous ses projets & de tous ses vœux : il ne fait pas un pas, pas un geste, qui ne tende vers elle. S'il jouit des bienfaits de l'amour, mille jouissances préliminaires précedent la derniere jouissance : il ne veut arriver au comble des faveurs, que par d'imperceptibles degrés. Sur-tout, il veut qu'on lui résiste, autant qu'il faut pour augmenter ses plaisirs.

S'il se promene, le plus beau lieu, le chant des oiseaux, un ciel serein & tempéré, un air rempli du parfum des fleurs, un bosquet impénétrable aux rayons du soleil, où l'on goûte la double volupté d'être au frais & de lire *Chaulieu*, le gazon le plus fin, le plus touffu, qu'on foule avec sa maîtresse, dans un endroit du bois si écarté, que les regards profanes n'y peuvent pénétrer ; la plus belle vue, la plus belle allée, celle où Diane se promene elle-même avec toute sa cour ; le lever de l'aurore, & du soleil ; la magnifique couleur de pourpre, qui se jouant dans le brun des nues, à son couchant, forme la plus superbe décoration ; les rayons argentés de la lune, qui consolent les voyageurs de l'absence du soleil ; les étoiles qui semblent autant de diamans, dont l'éclat est relevé par le fond bleu, auquel elles sont attachées : ces nuits plus belles que les plus beaux jours, qui répandent leur rosée, pour désaltérer la terre, & leurs pavots, pour délasser les mortels fatigués, & endormir les maris jalous : ces nuits vertes, plus belles encore, que forment les arbres touffus des forêts, nuits qui inspirent les plus douces rêveries, où l'ame contente, recueillie, se caressant elle-même, enchaîne ses pensées volages, dans les bornes charmantes de l'amour : ombre impénétrable aux yeux des Argus, où il suffit d'être seul, pour desirer d'être avec vous, Céphise, & d'être avec vous,

pour

pour être heureux; que dirai-je enfin? il faudroit décrire l'univers; toute la nature est dans un cœur qui sent la volupté.

Vous connoissez à présent combien la volupté differe du plaisir. Voici la différence, qui se trouve entr'elle, & la débauche.

La volupté est peut-être aussi différente de la débauche, que la vertu l'est du crime. Les cœurs corrompus ne peuvent être vertueux, & ceux-ci ne peuvent être débauchés, ou criminels.

Le plaisir est de l'essence de l'homme, & de l'ordre de l'univers. La débauche seule, & tout ce qui nuit à l'intérêt de la société, est crime ou désordre; je n'en connois point d'autre, ni de vertu, que celle qui est utile à l'état. Le goût du plaisir a été donné à tous les animaux, comme un attribut principal; ils aiment le plaisir pour lui-même, sans porter plus loin leurs idées. L'homme seul, cet être raisonnable, peut s'élever jusqu'à la volupté: car quel plus beau, quel plus magnifique apanage de la raison? Il est distingué dans l'univers par son esprit; un choix délicat, un goût épuré, en rafinant ses sensations, en les redoublant en quelque sorte par la réflexion, en a fait le plus parfait, c'est-à-dire le plus heureux des êtres. S'il est malheureux, il faut croire que c'est par sa faute, ou par l'abus quil fait des dons de la nature.

Nous devons le bien d'être au feul plaifir ; c'eſt lui qui a tiſſu la chaîne qui lie les hommes & les animaux : il me parle par mes organes, & m'attache à la vie. Philofophes indignes d'un fi beau nom, vous voulez en vain me faire regarder la mort, comme un bien ; non, vous ne connoiſſez point le prix de la vie, c'eſt le plus grand de tous les biens ; fans elle, après quel bonheur imaginaire courez-vous ? Qui hait le jour qu'il reſpire, & craint la mort eſt doublement hypochondriaque.

Le voluptueux aime la vie, parce qu'il a le corps fain, & l'efprit libre ; amant de la nature, il en adore les beautés, parce qu'il les connoît mieux qu'un autre ; fes yeux fe ferment à la lumiere fans frayeur, mais non fans regrets ; il fe plaint du deſtin cruel qui l'arrache à un fpectacle, dont il ne peut fe raſſafier. Malheureufement chaque fpectateur y eſt auſſi inutile, que renouvellé fanscesse. Amoureux, fenfible à tout, inacceſſible au dégoût, il ne comprend pas comment ce poifon vient infecter les cœurs, ni par quel fatal défordre, le roi des êtres animés, celui qui par fon excellence fe trouve en état de jouir de tous les autres, peut s'ennuyer fur la terre : entouré de voluptés, admirateur des phénomenes, qui frappent le plus fes fens, rien ne le trouble ; fon ame eſt toujours dans la même aſſiette, foit que Jupiter s'arme de la foudre, foit qu'Eole refpectant le

calme de la mer, elle offre à nos yeux, comme
une nape d'huile, qui eſt la plus belle image de
la paix, ou que les vents déchaînés ſoulevent les
flots qui dans leur furie, effrayant tableau de la
guerre, menacent de nous engloutir. Catulle rit
des rigueurs de l'hiver ; comment les craindroit-
il? Les feux de l'été ſont dans ſon cœur, & c'eſt
l'amour qui les allume couché avec ſa maîtreſſe ;
la pluie, le vent, la grêle, la vaine fureur des
élémens augmentent ſes plaiſirs.

Si l'hiver ceſſe, c'eſt la nature, qui prend ſes
habits de printemps, & nous invite à prendre les
nôtres; faiſons paſſer dans nos cœurs l'émail des
prés, & la verte gaieté des champs; parons notre
imagination des fleurs charmantes, qui rient à nos
yeux. Belles, parez-en votre ſein ; c'eſt pour vous
qu'elles viennent d'éclore : mais prenez autant
d'amours, que de fleurs: reveillez-vous avec la nature, enivrez-vous d'amour, comme les prés s'enivrent de leurs ruiſſeaux. Chaque être vous adreſſe
la parole, ſeriez-vous ſourdes à ſa voix? Voyez
ces oiſeaux ; à peine éclos, leurs aîles les portent
à l'amour; les fleurs même ſe marient; chaque
choſe eſt occupée à ſe reproduire : mais ſi l'inſtinct
jouit plutôt que l'eſprit, l'eſprit goûte mieux que
l'inſtinct.

Venez, vous qui en avez tant, Philis; venez,
deſcendons dans ce vallon tranquille ; tout dort

dans la nature, nous seuls sommes éveillés; venez sous ces arbres, où l'on n'entend que le doux bruit de leurs feuilles; c'est le zéphir amoureux qui les agite; voyez comme elles semblent planer, l'une sur l'autre, & vous font signe de les imiter!

Parlez, Philis, ne sentez-vous pas quelque mouvement délicat, quelque douce langueur, qui surpasse toutes les autres voluptés? Oüi, je vois l'heureuse impression que vous fait ce mystérieux asyle: le brillant de vos yeux s'adoucit, votre sang coule avec plus de vitesse, il éleve votre beau sein, il anime votre cœur innocent.

En quel état suis-je! quels nouveaux sentimens, dites-vous!.... Venez, Philis, je vous les expliquerai, il y a long-temps que j'ai senti la même chose pour vous.

Votre vertu s'éveille, elle craint la surprise même qu'elle a; la pudeur semble augmenter vos inquiétudes, avec vos attraits: votre gloire rejette l'amour, mais votre cœur ne le rejette pas.

Vous vous révoltez en vain; chacun doit suivre son sort: pour être heureux, il n'a manqué au vôtre, que l'amour: vous ne vous priverez pas d'un bonheur, qui redouble, en se partageant; vous n'éviterez pas les pieges que vous tendez à l'univers: qui balance, a pris son parti.

O! si vous pouviez seulement sentir l'ombre des plaisirs, que goûtent deux cœurs qui se sont donnés l'un à l'autre, vous redemanderiez aux dieux, tous ces ennuyeux momens, que votre cœur oisif a laissés passer sans aimer !

Quand une belle s'est rendue, qu'elle ne vit plus que pour celui qui vit pour elle ; que ses refus ne font plus qu'un jeu nécessaire ; que la tendresse qui les accompagne, autorise d'amoureux larcins, & n'exige plus qu'une douce violence ; que deux beaux yeux, dont le trouble augmente les charmes, demandent en secret ce que la bouche refuse ; que l'amour éprouvé de l'amant est couronné de myrte par la vertu même ; que la raison n'a plus d'autre langage que celui du cœur ; que..... les expressions me manquent, Philis, tout ce que je dis n'est pas même un foible fonge de ces plaisirs. Aimable foiblesse ! douce extase ! c'est en vain que l'esprit veut vous exprimer, le cœur même ne peut pas vous comprendre.

Vous soupirez, vous sentez les respectables approches du plaisir ! Amour que tu es adorable ! Si ta seule peinture peut donner des désirs, que ferois-tu toi-même ?

Jouissez, Philis, jouissez de vos charmes : n'être belle que pour soi, c'est l'être vainement, c'est l'être pour le tourment des hommes.

Ne craignez ni l'amour, ni l'amant ; une fois maitresse de mon cœur, vous le serez toujours.

La vertu conferve aifément les conquêtes de la beauté.

J'aime, comme on aimoit, avant qu'on eût appris à foupirer, avant qu'on eût fait un art de jurer la fidelité; je n'ai qu'un cœur à vous offrir: mais il eft tendre comme le vôtre. Uniffons-les, & nous connoîtrons à la fois, & le plaifir, & cette tendreffe plus féduifante, qui conduit à la plus pure volupté des cœurs.

C'eft ainfi que tout ravit, tout enflamme un cœur fenfible & amoureux; chaque beauté l'extafie, chaque être inanimé lui parle & le remue, chaque partie de la création le remplit de volupté.

Chaque homme porte donc en foi le germe de fon propre bonheur, avec celui de la volupté. La mauvaife difpofition, ou le dérangement des organes nous empêche d'en profiter; cependant je penfe, que pour être auffi heureux, qu'il eft poffible de le devenir, il n'y a qu'à s'appliquer à connoître fon tempérament, fes goûts, fes paffions, & favoir en faire un bon ufage; agir toujours en conféquence de ce qu'on aime, fatisfaire tous fes defirs, c'eft-à-dire tous les caprices de l'imagination; fi ce n'eft pas là le bonheur, qu'on me dife donc où il eft. Laiffons dire Zénon, Poffidonius & tous fes fectateurs, ils ont eux-même prouvé que la douleur eft un mal, & que le fage n'a point de droit de fe fouftraire d'un joug impofé à tous. Que dis-je? la douleur eſt le plus grand des maux : la plupart des philoſophes lui ont donné le droit d'abréger nos tourmens : mais qui a du plaiſir à ſentir, eſt, ſelon moi, digne de vivre, & doit aimer la vie. Quoiqu'on en diſe, quoique chantent nos poëtes; quand on a ſu profiter de tous les heureux momens, cueillir toutes les fleurs ſemées ſur le fonds de la vie, c'étoit la peine de naître, de vivre & de mourir. *La mort*, dit Lucrece, *ne nous regarde en rien :* je fais qu'elle n'eſt rien en ſoi, & que la douleur eſt tout : mais la mort nous prive de tous les ſentimens que je chéris, ſon idée m'eſt affreuſe. Loin d'ici trop affligeante image ! je ne puis vous regarder fixement. Non, je ne me reſoudrai jamais à ceſſer de ſentir, je ceſſe même d'être en quelque ſorte, toutes les fois que je penſe que je ne ſerai plus. Mourons cependant, puiſqu'il le faut, mais que ce ſoit après avoir vécu.

Le plaiſir eſt donc le plus bel apanage de l'homme. Qui s'y refuſe, viole les premieres loix de ſon origine , & l'intention du créateur. Ceux qui ne s'aiment pas eux-mêmes, comment aimeroient-ils les autres? Mais quelle erreur de s'imaginer qu'on ait de mauvaiſes mœurs, parce qu'on aime la vólupté ! la vraie ſageſſe eſt-elle donc de fuir le bonheur, & de rechercher tout ce qui déplaît à l'imagination & ne peut conduire qu'au déſagrément de la vie? Non ; le plaisir est si étroitement lié au bonheur, que ces deux choses ont été confondues ensemble en différens siecles. Le sage doit donc chercher le plaisir, sans lequel il ne peut être heureux. Que le crime se couvre de honte ; le plaisir & l'amour ne sont point de sa bande. Voyez tout le brillant cortege de la joie, elle ne marche qu'escortée des jeux & des ris ; la probité l'accompagne ; elle est le symbole de la pureté du cœur : le scélérat est triste & rêveur, en proie aux plus cruels remords ; la loi naturelle qu'il a violée, le déchire à son tour. L'honnête homme rit, épanouit son cœur ; il aime tant le plaisir & la volupté, que loin de rougir d'etre fait pour la sentir, il la regarde comme la plus solide récompense de la vertu, & le plus beau partage de la raison. Le plaisir, dit un auteur, qui m'en fait beaucoup, « est le seul bien réel qu'un honnête homme ait » en ce monde ».

Plaisir, maître souverain des hommes & des dieux, devant qui tout disparoît, jusqu'à la raison même, tu sais combien mon cœur t'adore, & tous les sacrifices qu'il t'a faits ; je ne sais si je mériterai d'avoir part aux éloges que je te donne ; mais je me croirois indigne de toi si je n'étois attentif à m'assurer de ta présence, & à me rendre compte à moi-même de tous tes bienfaits. Oui, sans doute, je te dois de trop heureux momens pour ne faire

que fentir fimplement mon bonheur & ta puiffance.
La reconnoiffance feroit ici un trop foible tribut,
j'y ajoute encore par la réflexion & l'examen de
mes fentimens les plus doux. Car fi par-tout ailleurs la réflexion empoifonne les plaifirs, ici elle
les augmente. Telle eft la vraie volupté, l'efprit, &
non l'inftinct du plaifir, l'art d'en ufer fagement,
de le ménager par raifon, & de le goûter par fentiment.

Plaifir, (eh! que n'ai-je l'art de Lucrece pour
t'invoquer fans ceffe!), ne permets pas que ton pinceau fe proftitue à d'autres voluptés que celles du
fils de Cypris; que ce dieu vif, impétueux, ne fe
ferve de la raifon des hommes que pour la leur faire
oublier; qu'il ne raifonne que pour exagérer fes
plaifirs; que la froide philofophie fe taife pour
m'écouter; que tout reffente enfin le défordre des
paffions, pourvu que le feu qui m'emporte foit digne, s'il fe peut, de la volupté.

Quel eft cet amant qui trouve fa maîtreffe endormie? jamais le fommeil de l'amour même a-t-il
été plus refpecté? il voudroit impofer filence à
la nature entiere, pour mieux contempler ce qu'il
adore. Comme fes regards amoureux font avidement fixés fur cette gorge négligemment découverte! comme ils en parcourent, comme ils en
pénetrent tous les charmes! que n'imagine point le

malheureux amant d'*Iffé*, pour fe *payer des larmes que la cruelle lui a fait verfer ?*

Tantôt fous la forme *du temple de Gnide*, un philofophe de la fabrique de *Chaulieu* offre à nos efprits enchantés la peinture de l'amour la plus vive & la plus voluptueufement délicate. Plein du dieu qui l'infpire, à force d'en fentir les attraits, il nous en fait adorer la puiffance. Comme il peint encore les plaifirs des Perfans, ces heureux mortels, qui ne couronnent que la lubricité, & n'offrent des prix qu'à ceux qui auront inventé des voluptés nouvelles ! Certes, la palme offerte a rarement été mieux méritée que par ce voluptueux philofophe. C'eft ainfi qu'un fage ofe quelquefois ouvrir lui-même une école de volupté. Eh ! quel autre en effet doit apprendre aux mortels le fecret d'être heureux ? Difciple d'*Epicure*, accourez tous, & rendez hommage à un maître plus digne de vous.

Tantôt l'amour même féduit les cœurs par l'art de Protée ; que n'imagine-t-il point pour peupler fon empire ? Il s'ébat fur un *sopha*, théatre de fes plaifirs, auffi commode que difcret ; s'il dicte des billets doux & des lettres galantes, un dieu plus galant encore, Mercure, eft prêt à les porter : il oublieroit plutôt fon caducée que de ne pas les rendre adroitement aux beautés à qui elles font adreffées. *Anacréon, Quinaut, Chaulieu,* le voluptueux *Chaulieu*, font des vers légers, tendres, délicats, galamment négligés. Que cette négligence les rend aimables ! mais ils ne font charmans que par l'air de volupté qu'ils refpirent. Orphée lifant ces vers, les crut d'Apollon même, ou de l'Amour; il employa tous les charmes de fon art pour en rendre l'harmonie plus touchante.

L'amour fait-il un conte même *Japonois*, il y met tant de volupté & de délicateffe, qu'on croit entendre *Pétrone*. S'il fait exécuter les ordres de *l'Oracle*, c'eft pour mieux nous faire fentir tout le pouvoir de fa magie. Il nous attendrit avec une mere éplorée ou avec une amante éperdue. Il ne perfécute *Phedre* que pour nous intéreffer au cruel fort d'une malheureufe; c'eft pour nous la faire adorer, qu'il nous montre *Zaïre*, cette aimable *Zaïre*, digne auffi d'un plus heureux deftin. Pourquoi faut-il qu'une flamme auffi pure foit éteinte par des préjugés qu'elle n'avoit pas, & que l'amour ait fouffert qu'on ait éclairé la reine de fon empire fur d'autres intérêts que ceux de la volupté ? N'étoit-elle donc pas digne d'une ignorance à laquelle fon bonheur étoit attaché ?

Voulez-vous d'autres miracles de l'amour ? Là *le Maure*, cette frêle machine, n'eût jamais pu penfer ; qu'a fait l'amour ? il l'a organifée pour chanter, elle ravit nos ames par les fons de fa

voix ; la mufique, cet art enchanteur, lui auroit-
elle appris à fentir ?

J'apperçois deux danfeufes autour de l'arche de
Jephté : dans l'une, quelle agilité, quelle force,
quelle précifion ! feroit - ce un homme déguifé ?
elle m'étonne à un tel point, que je vois à peine
le plaifir qui la fuit. L'autre, plus féduifante, forme
des *pas mefurés par les graces, & compofés par
les amours.* Eft-ce *Terpficore*, ou la volupté en
perfonne ? Divine enchantereffe, quel cœur de
bronze & de diamant ne feroit pas pénétré de la
lafciveté de tes mouvemens ? Etends, déploie feulement tes beaux bras, & je fuis plus enchanté
qu'*Amadis* même.

Atis, nouvel *Atis*, tu pouvois feul me confoler
de la perte de ce genre de volupté. Quels fons !
quel défefpoir ! quel cris : « *Atis*, *Atis* lui-même
« a fait périr ce qu'il aime » ; il ne chante fes
douleurs que pour les rendre plus vives. Cher &
aimable *Jeliotte*, fers-toi de tout l'empire que tu
as fur les cœurs fenfibles : attendris les plus durs
& les plus inflexibles ; non, jamais la puiffance
d'*Orphée* n'égala la tienne.

Quelles formes encore une fois l'amour ne prend-
il pas pour fe gliffer dans nos ames ? Il fufcite les
intrigues, & toutes les aventures galantes qui com-
pofent nos romans ; il permet à l'imagination des

auteurs, d'ajouter ce qui manque à la réalité, comme à son triomphe.

Jettez les yeux sur le *tableau de l'amour c njugal*, & sur tous les ouvrages de ces physiciens, qui aimant plus la nature, qu'ils ne l'ont connue, ont cherché le plaisir dans les plus sérieuses recherches. Avec quelle ingénieuse adresse, l'amour profite de l'ignorance même des mortels qu'il instruit ! sur-tout il se plaît à éclairer les amans ignorans, qui ne voudroient que savoir aimer. Vous le savez, *Daphnis* & *Chloé*, heureux ignorans, trop séduisans bergers, s'il n'y avoit du plaisir à être séduit avec vous.

Où est l'amour ? (s'il m'est permis d'imiter ici un auteur charmant) *il est sur les levres de Chloé*, il n'a semé les lis sur son teint, que pour donner à *Daphnis* le plaisir de les changer en roses. Voyez-le voltiger sur son sein. Comme il se joue avec un souffle badin, dans les boucles de ses beaux cheveux blonds, il folâtre de même sous ce verd feuillage: la vie de ce jeune myrte est bien courte, il sera bientôt flétri; mais il profite du peu de jours qui lui sont accordés; il ne se refuse, ni aux caresses de *Flore*, ni aux douces haleines de *Zéphire*. Imitez-le en tout, bergere; que sa vie soit l'image de la vôtre, & par la durée, & par les plaisirs.

Jeune *Chloé*, vous me fuyez, en vain je vous appelle, en vain je vous poursuis.... déjà tous vos

charmes fe dérobent à ma vue..... Raffurons-nous :
l'amour, qui a fait les coquettes, les cache de maniere qu'elles feroient bien fâchées de ne pas être
apperçues.

A ces jeux d'enfans, que *Virgile* a fi bien peints,
qui peut méconnoître l'amour ? Il fe cache lui-même
dans mille réduits ; il veut qu'on l'y pourfuive ;
il ne demande pas plus de grace que la plus fimple
bergere ; il s'eft fait une derniere retraite : il a
voulu fixer les bornes de fon empire, avec le fiege
de la volupté : c'eft-là qu'il aime à s'arrêter *comme
une tendre fauvette fur fes petits*, & il ne s'y
arréte, que pour avoir le plaifir de s'y laiffer prendre. Ce feul plaifir fait toute fon ambition : pour
en jouir, il enflamme tous les cœurs, il éclaire tous
les efprits, il a créé tous les fens, pour en fatisfaire un feul.

Entrons dans quelque détail. Le plus beau fpectacle du monde, c'eft une belle femme, un beau
vifage : à quoi ferviroit mon imagination, fans mes
yeux ? les aveugles de naiffance n'imaginent rien.
Les yeux feuls pouvoient faire paffer l'image de la
beauté dans mon ame, & l'empreinte en refte vivement gravée dans mon cœur.

L'efprit, tous les charmes de la converfation,
qui ne font pas fans volupté, la douceur de la
voix, qui marque affez communément celle du
caractere, la mufique, le goût du chant, fans

l'ouie, que d'attraits perdus pour moi ! Aurois-je,
fans l'odorat, le plaifir de fentir l'odeur que j'aime
dans ma Céphife ? Nette & propre par elle-même,
d'une fanté, fans laquelle les plus brillans attraits
font flétris, fi cette aimable enfant a quelquefois
befoin d'art, c'eft d'une eau claire & fraîche comme
elle. Sans le toucher, le tiffu de fa peau douce &
fine, feroit pour moi, comme fa blancheur ex-
trême pour un aveugle. Quel plaifir auroit ma
bouche collée fur fa bouche ? mon fein étendu fur
fon fein ferme & rondelet, auffi-bien féparé, que
l'arc parfait & élevé de fes fius fourcils? Mes levres
s'amuferoient en vain à mille douceurs qui changent les heures en momens : tant d'autres jeux
d'enfant, qui plaifent à l'amour, ne féduiroient ni
ma raifon, ni mon cœur. Que deviendroient ces
baifers pleins d'ardeurs, donnés amoureufement,
doux prélude de baifers encore plus doux? Ils ne
feroient ni reçus, ni rendus, encore moins recherchés. Que dirai-je de cette partie divine pour
le fentiment, qui femble exprès placée comme
pour préfider à l'entrée d'un dieu dans fon temple? Elle feroit en vain légerement titillée, foit
par les mains des graces, foit par le plus agile organe des mortels. Il en feroit ainfi de cette pa-
pille, ou petite fraife délicate; ce bouton rofe &
vermeil de la pomme d'amour, qui répond à ce
nerf exquis, n'auroit plus la même fympathie; cet

harmonieux accord de deux plaifirs, que l'induf-
trieufe volupté met, au gré de nos defirs, à l'uniffon dans une même perfonne, feroit détruit avec
tous fes charmes. Sans le gout, cette autre forte
de tact plus nu, plus intime, fans la même facile
communion des nerfs du palais, mollement cha-
touillés, nos langues inutilement voluptueufes,
frétilleroient fans lafciveté dans toutes les parties
dénuées de la peau. Enfin, nos ames qui brûlent
de changer de corps, pour avoir le plaifir de parcourir, de rendre heureux un objet adoré, infenfibles, immobiles dans leur premier berceau, n'auroient pas même la liberté d'errer dans une bouche fraiche & ornée par le plus bel émail. Vainement l'amour auroit inventé cet art dont il a été
parlé, de la philtrer en quelque forte, & la nature, cette efpece de transfufion délicieufe, fi
foiblement exprimée par le fyftême de *Platon*. Que
deviendroient alors tant de reffources imprévues,
& tous ces miracles de l'amour defefpéré ? Plus
de baifers lafcifs, plus d'efpoir d'être heureux, la
plus efficace des voluptés feroit perdue, & enfin,
ce que nous avons d'ame, n'en trouvant point d'autre à qui fe réunir, ne nous feroit point goûter le
le fort des dieux.

C'eft ainfi que les cinq fens femblent travailler
pour un fixieme, trop peu célébré, dont la nature
a paru uniquement occupée, en nous formant. Ce

fens,

fens, rétabli de nos jours dans fa dignité naturelle, imprime véritablement dans l'ame des fenfations tout-à-fait particulieres, infiniment profondes, plus vives, plus exquifes, que toutes celles qui nous viennent par les autres organes. Jugez du defpotifme qu'il exerce; il interdit l'ufage de la parole, de la vue & de la penfée méme, qu'il change en fentiment : il anéantit l'ame avec tous les fens, dont elle eft le principe ou la fin ; il fufpend toutes les fonctions de notre économie, & tient, pour ainfi dire, les rênes de l'homme entier, au gré de ces joies fouveraines & refpectables, de ce fécond filence de la nature, qu'aucun mortel ne devroit jamais troubler, fans être écrafé par la foudre. Mais quelle bifarre contradiction a fait appeler *noble & honteux* le plus merveilleux de nos organes, celui à qui nous devons notre exiftence & notre bonheur ; un fens enfin, dont telle eft la puiffance immortelle, que la raifon, cette vaine & fiere déeffe, rangée fous fon empire au niveau de fes égaux, n'eft enfin, comme les autres fens, que l'heureufe efclave de fes plaifirs.

Vous voyez que les fens ne font que les organes de nos paffions & de nos defirs, qu'ils les fervent, les entretiennent, les excitent, pour qu'elles nous fervent à leur tour. Que dis-je ! les paffions méme, ces élémens auffi néceffaires à l'homme que l'air qu'il refpire, font les plus fideles miniftres de la volupté. Plus elles nous portent au luxe, plus elles nous ouvrent la voie du bonheur. Voyez ce voluptueux, comme il firotte fon vin, & fait choifir fes mets & fes convives ! il préfere à tout ces charmans tête-à-tête, où les coudes fur la table, les jambes entrelacées dans celles de fa maîtreffe, il boit plus de volupté que de vin. Verfez, Iris, verfez, quelque excellent qu'il foit, cette nuit, diftillé par l'amour, il vous fera rendu en une liqueur mille fois plus délicieufe. Mais *Daphnis* eft fatigué des hommages qu'il a rendus à vos charmes ; laiffez le fommeil réparer fes forces, autrement il ne pourroit fournir qu'une foible carriere. *Vénus*, puiffante *Vénus*, attendez à voir paroître votre étoile ; les plus doux plaifirs naiffent du fein du repos. Morphée ne répand fes pavots fur la terre, que pour préparer les humains au culte de l'amour. Vous entendez mal vos intérêts, bergere ! n'éveillez pas fi-tôt votre amant : quel mortel plus digne de vous ! il eft volup- tueux : en le refpectant, vous ménagerez vos plaifirs.

Le befoin d'aimer fuccede à la faim, à la foif & au fommeil, & ce befoin eft tel quelquefois, qu'il précipite les plus fages dans les excès les plus honteux. Il eft donc d'un philofophe voluptueux,

toujours guidé par la probité, de le prévoir & de le
prévenir de quelque manière que ce foit. Toutes
les paffions s'éclipfent par la paffion d'aimer, elle
leur commande en reine. Pour elle, l'ambitieux
fupplante fon plus cher concurrent, l'avare ouvre
fes tréfors & devient prodigue : par elle la laideur
reçoit les honneurs de la beauté : par elle les droits
de l'amitié font anéantis ; le libertin & le débauché
ont du plaifir à l'être : enfin l'amour eft caufe de
tout l'ordre & de tout le défordre qui regne dans
l'univers. Le marchand croit ne fuivre que l'intérèt,
& le guerrier jure qu'il n'eft animé que par la gloire ;
vaine illufion ! tout ce que l'un a eu tant de peine
à gagner, fera donné pour une des nuits de la belle
Didon ; il croit s'enrichir, en fe ruinant, parce
qu'il comble ce qu'il aime de fes bienfaits : toutes
les conquêtes de l'autre ne valent pas celle d'un
cœur, tel que celui de Mélite, dont tous les replis,
quoique prodigieufement étendus, peuvent à peine
fuffire aux fentimens & aux tranfports d'une véritable paffion. Les plus grands rois du monde n'aiment à cueillir des lauriers, que pour en faire des
couronnes à l'amour.

Mais que vois-je ? l'affliction eft peinte fur le
vifage du plus tendre amant. . . . C'eft un jeune
guerrier que l'honneur & le devoir obligent de
devancer fon prince en campagne. Il part demain.
plus de délai : il n'a qu'une nuit à paffer avec ce

qu'il aime ; l'amour en foupire. Mais quels vont être fes adieux ! & comment les peindrai-je ? Si la joie eft commune, la trifteffe l'eft auffi ; les larmes de la douleur font confondues avec celles du plaifir. Que d'incertains foupirs ! quels regrets ! quels fanglots ! mais en même temps que de volupté & quels tranfports ! jamais l'amour n'avoit tant pleuré, & cependant n'avoit été fi heureux. Quel redoublement de vivacité dans les careffes de ces triftes amans ! les délices qu'ils goûtent en ce moment même, qu'ils ne goûteront plus le moment fuivant ; le trouble où l'abfence la plus cruelle va les jetter, tout cela s'exprime par le plaifir & fe confond dans lui-même, ils n'ont que le plaifir pour interprete. Mais puifqu'il fert à rendre deux paffions diverfes, il va donc être doublé pour cette nuit. Doublé ! ah, que dis-je ! il fera multiplié à l'infini : ces heureux amans vont s'enivrer d'amour comme s'ils en vouloient prendre pour le refte de leur vie. Leurs premiers tranfports ne font que feu, les fuivans les furpaffent, ils s'égarent, ils s'oublient ; leurs corps lubriquement étendus l'un fur l'autre, & dans mille poftures recherchées, s'embraffent, s'entrelacent, s'uniffent : leurs ames, plus étroitement unies, s'embrâfent alternativement & tout enfemble ; le plaifir va les chercher jufqu'aux extrêmités d'eux-mêmes, & ne fe contentant pas des voies ouvertes, il fe fait des paffages au travers de tous les pores, comme pour fe communiquer avec plus d'abondance : femblable à ces fources qui refferrées par l'étroit tuyau, dans lequel elles ferpentent, ne fe contentent pas d'une iffue auffi large qu'elles-mêmes, crèvent & fe font jour en mille endroits ; telle eft l'impétuofité du plaifir.

Quels font alors les propos de ces amans ! s'ils parlent de leur volupté préfente, s'ils parlent de leurs regrets futurs, c'eft encore le plaifir qui exprime ces divers fentimens. Ce *je ne vous verrai plus* fe dit avec tendreffe, il fe dit encore avec flamme, il excite un nouveau tranfport, on fe rembraffe, on fe refferre, on fe replonge dans la plus douce ivreffe, on s'inonde, on voudroit fe noyer dans une mer de voluptés. L'amante en feu fixe au plaifir fon amant. Avec quelle ardeur & quel courage ils partagent l'ouvrage d'amour ! rien dans eux n'eft exempt de ce doux exercice, tout s'y rapproche, tout y contribue ; la bouche donne cent baifers les plus amoureufement recherchés, l'œil dévore, la main parcourt, rien n'eft diftrait de fon bonheur, tout s'y livre avidement ; le corps entier de l'un & de l'autre eft dans le plus grand travail : une douce mélancolie ajoute au plaifir je ne fais quoi de fingulier qui l'augmente, & met ces heureux amans dans une fituation rare, que je fens bien, mais qu'il eft difficile dé définir. Amour, c'eſt de ces amans que tu devois dire :

*Vite, vite, qu'on les deſſine
Pour mon cabinet de Paphos.*

Ils t'en auroient donné le temps : je les vois mollement s'appéſantir & ſe livrer au repos qu'une douce fatigue leur procure, ils s'endorment ; mais la nature en prenant ſes droits ſur le corps, les exerce en même temps ſur l'imagination ; c'eſt elle, & non l'eſprit, qui veille toujours ; les ſonges ſont, pour ainſi dire, à ſa ſolde ; c'eſt par eux qu'elle fait ſentir le plaiſir aux amans, dans le ſein même du ſommeil. Ces fideles rapporteurs des idées de la veille, ces parfaits comédiens qui nous jouent ſans ceſſe nos paſſions dans nous-mêmes, oublieroient-ils leur rôle quand le théâtre eſt dreſſé, que la toile eſt levée, & que de belles décorations les invitent à repréſenter ? Les criminels dans les fers font des rêves cruels, le mondain n'eſt occupé que de bals & de ſpectacles, le trompeur eſt artificieux comme le lâche eſt poltron en dormant ; l'innocence n'a jamais rêvé rien de terrible. Voyez le tendre enfant dans ſon berceau, ſon viſage eſt uni comme une glace, ſes traits ſont riants, ſa petite paupiere eſt tranquille, ſa bouche ſemble attendre le baiſer que la nourrice

eſt toujours prête à lui donner ; pourquoi le
voluptueux ne jouiroit-il pas des mêmes bienfaits ?
Il ne s'eſt pas donné au ſommeil, c'eſt le ſommeil
qui l'a ſaiſi dans les bras de la volupté. Morphée,
après l'avoir enivré de ſes pavots, lui fera donc
ſentir la ſituation charmante qu'il n'a quittée qu'à
regret. Belles, qui voyez vos amans s'endormir
ſur votre ſein, ſi vous êtes curieuſes d'eſſayer le
tranſport d'un amant aſſoupi, reſtez, s'il vous eſt
poſſible, éveillées ; le même cœur, (ſoyez-en
ſûres) la même ame vous communiquera les mêmes
feux, feux d'autant plus ardens, qu'il ne ſera
pas diſtrait de vous par vous-mêmes. Il ſoupirera
dans le fort de ſa tendreſſe, il vous parlera même,
& vous pourrez lui répondre; mais que ce ſoit
très-doucement : gardez-vous ſur-tout de le ſe-
conder, vous l'éveilleriez par les moindres efforts,
laiſſez-le venir à bout des ſiens ; repréſentez-vous
tous les plaiſirs que goûte ſon ame, & puiſque
l'imagination peint mieux à l'œil fermé qu'à l'œil
ouvert, figurez-vous comme vous y êtes divinement gravée ! jouiſſez de toute ſa volupté, dans
un calme profond, & dans un parfait abandon de
vous-mêmes ; oubliez-vous, pour ne vous occuper
que du bonheur de votre amant : écoutez ſes
ſoupirs dans un ſilence attentif, comptez tous ſes
mouvemens, & vos plaiſirs naîtront de vos réflexions ſur les ſiens.

F 4

Mais qu'il jouisse à la fin du repos dont il a besoin, livrez-vous y vous-même, en vous dérobant adroitement sous lui, de peur de l'éveiller : ne vous embarrassez plus du foin de la lumiere, votre amant vous avertira du lever de l'aurore ; mais auparavant il se plaît à vous contempler dans les bras du sommeil, son œil avide se repaît des charmes que son cœur adore, ils recevront tous ensemble, & chacun en particulier l'hommage qui leur est dû. Comme il leve doucement le voile qui les cache à sa vue ! que de beautés toujours nouvelles ! il semble qu'il les découvre pour la premiere fois. Ses regards curieux ne feroient jamais fatisfaits ; mais il faut enfin que le defir de voir faffe place au defir de fentir ; avec quelle adreffe fes doigts voltigent fur la fuperficie d'une peau douce & tendue ! l'agneau ne bondit pas fi légerement fur l'herbe tendre de la prairie : enfuite il étend toute la main fur cette furface polie, il la fait glisser d'un endroit à un autre : on diroit une glace qu'il veut éprouver. Mais fon defir s'augmente par toutes ces épreuves, comme fon feu s'irrite par de nou-veaux larcins ; il va bientôt vous éveiller, mais peu-à-peu ; croyez-vous qu'il va vous prodiguer tous ces noms que fa tendreffe aime à vous donner ? Non, il eft trop voluptueux pour ne pas fe faire violence ; fa bouche lui ferà d'un autre ufage, il donnera cent baifers tendres à l'objet de fa paffion ;

il ne les donnera pas brûlans, pour ne pas l'éveiller encore ; il s'approche, & plus léger que Zéphire, il se tient voluptueusement suspendu au-dessus d'un million de graces, qui agissent sur lui avec toute la force de leur aimant ; il voudroit jouir d'une amante endormie : déjà il s'y dispose avec toutes les précautions & l'industrie imaginable ; mais en vain, le cœur de Philis est averti des approches de son bonheur, un doux sentiment l'annonce de veine en veine ; ses pores, sensibles à la plus légere titillation, s'ouvriroient à l'haleine de Zéphire. Il étoit temps, bergere, les transports de votre amant touchoient à leur comble, il n'étoit plus maître de lui : ouvrez donc les yeux, & acceptez avec plaisir les signes du réveil. « C'est » moi, dit-il, c'est ton cher Hylas, qui t'aime » plus qu'il n'a fait de sa vie. . . . » Il se laissera ensuite tomber mollement dans vos bras, qu'un reste de sommeil vous fait étendre & ouvrir à la voix du plaisir, il les entrelacera avec les siens, & se confondra de nouveau avec vous. C'est ainsi qu'à peine rendue à vous-même, vous sentirez la volupté du demi-réveil, & que l'homme a été fait pour être heureux dans tous les divers états de sa vie.

C'est assez, profés voluptueux, jurez à votre maîtresse que vous lui serez fidele : l'amour ne perd rien à tous les sermens qu'il fait faire, & levez-vous.

C'eſt ici qu'il faut s'arracher au plaiſir, puiſque les regrets l'accompagnent. N'attendez pas les plaintes & les pleurs d'une belle, qui touche au moment de vous perdre ; arrachez-vous encore une fois, & n'excitez point des deſirs, que la nature & l'amour ne peuvent plus vous donner ; les plaiſirs forcés par l'artifice ne ſont plus des plaiſirs : ſongez que vous reverrez un jour votre amante, ou que l'amour, dont l'empire ne finit qu'avec l'univers, ſenſible à de nouveaux beſoins, vous enflammera pour d'autres bergeres, qui ſeront peut-être encore plus aimables. En amour comme à table, il vaut mieux garder des deſirs que d'en emprunter. Imitez le convive ſenſuel, il goûte de tous les mets, il en prend peu : il ſe ménage de maniere qu'il aime mieux deſirer quelque choſe qui n'ait pas été ſervi, que de ne pouvoir pas profiter de tout ce qu'on ſervira, tandis que le gourmand gonflé, hors d'haleine dès le premier ſervice, n'a plus de deſirs du moins qu'il puiſſe ſatisfaire, ſemblable au *Cygne de la Fontaine*.

Conſentons plutôt à nous priver pour quelque temps de la volupté, que d'être forcés d'y renoncer, peut-être toujours en nous y engloutiſſant. Amants qui êtes ſur le point de quitter vos belles, que vos adieux ſoient tendres, paſſionnés, pleins de ces nouveaux charmes que la triſteſſe y ajoute :

je veux que vous furpafliez un peu la nature, mais
ne l'excédez jamais : c'eft à la tendrefle à feconder le tempéramment, & à faire les derniers
efforts. Qu'il feroit heureux de trouver une reffource
imprévue, au moment même qu'on s'embrafle pour
la derniere fois, & que les pleurs mutuels des
deux amans, prenant divers cours, femblent être
les garans de leur douleur & de leur fidélité,
en même temps que la marque, & le terme de
leurs plaifirs.

Vous voyez combien de moyens divers l'auteur
de la nature a voulu employer, pour faire arriver
les hommes, plus ou moins vîte, au but pour
lequel ils ont été faits, qui eft de croître, &
de multiplier ; loi qui a moins été donnée à
l'homme, qu'elle n'eft née avec lui, loi intime,
auffi ancienne que le monde, penchant fi naturel
à nos cœurs, que toutes nos actions tendent
uniquement à celle d'aimer, dont elles ne femblent
être que des efpeces de diftractions néceffaires.

Vous voyez que la faim, la foif, le fommeil,
l'imagination, tous les appétits, toutes les paffions, tous les fens, tant internes qu'externes,
& en un mot, tous les mouvemens de notre machine conduifent à l'amour, & de l'amour à la
volupté, des êtres organifés pour être heureux,
des êtres qui n'onr pas un feul point dans tous
leur corps, qui ne foit fenfible au plaifir ; comme

pour les exciter dans leur indifférence léthargique,
& leur montrer par-tout la voie du bonheur.
O nature! ô amour! ô comble de vos bontés! quels
cœurs n'en feroient pas pénétrés! quels bergers fûrs
d'atteindre un but si desirable, feroient preffés de
perdre des fenfations, qu'ils ne feroient peut-être
plus les maîtres de fe procurer une feconde fois!
On n'eft digne des faveurs de l'amour que par l'art
de bien ménager fes plaifirs. Heureufes enfin les
bergeres pour qui l'amour a formé des amans auffi
économes de fes bienfaits, que tendres & recon-
noiffans! Sans doute il fe fait un plaifir de les
éclairer lui-même du flambeau de la volupté.

Tels font les hommages que j'ai cru pouvoir
rendre à la volupté. La crainte de déplaire à un
grand nombre de lecteurs ne m'a point retenu. Si la
fortune dépend des hommes, & malheureufement
de ceux même qui ont le plus de préjugés, le
bonheur n'en dépend pas; il a fa fource dans la
liberté de l'efprit.

En vain une cabale, que la moindre bluette met
en feu, qui n'a d'autre plaifir que le plaifir de
nuire, & croit plaire à un dieu de paix en faifant
la guerre aux honnêtes humains dont le fanatifme
les a faits tyrans; en vain cette cabale, qui ne
voit par-tout que mœurs dépravées, voudroit-
elle faire le procès à cette aimable liberté,
fous l'odieux nom de libertinage & de débauche

que j'ai en horreur ; en vain elle s'efforceroit de rejeter fur la corruption du cœur , ce qui n'eft vifiblement qu'un jeu d'imagination , & de me fuppofer enfin des goûts que je n'eus jamais , fous le méchant & faux prétexte que c'eft plutôt au vice favori de *Pétrone* , qu'à *Pétrone* même , que j'ai donné des éloges. Ne craignons point de vils & trop puiffans calomniateurs ; ceux qui ont l'efprit droit et le cœur bon , s'armeront contr'eux , & prendront ma défenfe. Auffi partifans de la vraie vertu , que jurés ennemis de la fuperftition , fe connoiffant en ouvrages de goût , pleins de fentimens pour l'humanité , ils verront aifément que c'eft ici le triomphe de ce tendre amour que la nature fuffit pour légitimer , & le tombeau du monftre qui la dépeupleroit. Oui , je le répete , le plus tendre & le plus fidele amour , l'amour feul m'a prêté fon pinceau. Si un fentiment vif des plus heureux momens de ma vie , me les a vivement retracés ; fi j'ai trempé ma plume dans le feu d'une imagination prompte à s'allumer , ô vous tous qui avez fenti la volupté ! dites , fi je pouvois en parler avec moins d'extafe & de tranfports ; dites enfin , vous feuls êtes dignes de me juger ; dites , fi fans monter le fentiment fur l'échaffe des vers , je n'ai pas dû , pour vous plaire & mieux la célébrer , réunir toutes les forces de mon foible génie , pour m'élever fans rime , comme fans ordre , au fublime de la poéfie.

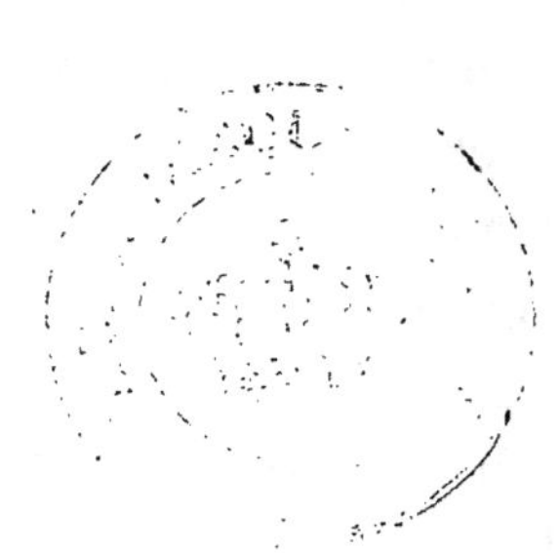

L'HOMME
MACHINE.

AVERTISSEMENT
DE
L'IMPRIMEUR.

(En tête de la premiere Edition.)

ON fera peut-être furpris que j'aie ofé mettre mon nom à un livre auffi hardi que celui-ci. Je ne l'aurois certainement pas fait, fi je n'avois cru la religion à l'abri de toutes les tentatives qu'on fait pour la renverfer ; & fi j'euffe pu me perfuader qu'un autre imprimeur n'eût pas fait très-volontiers ce que j'aurois refufé par principe de confcience. Je fais que la prudence veut qu'on ne donne pas occafion aux efprits foibles d'être féduits. Mais en les fuppofant tels, j'ai vu à la premiere lecture qu'il n'y auroit rien à craindre pour eux. Pourquoi être fi attentif & fi alerte à fupprimer les argumens contraires aux idées de la divinité & de la religion ? Cela ne peut-il pas faire croire au peuple qu'on le *leure* ? & dès qu'il commence à douter, adieu la conviction & par conféquent la religion ! Quel moyen, quelle efpérance, de confondre jamais les irréligionnaires, fi on femble les redouter ? Comment les ramener, fi en leur défendant de fe fervir de leur raifon, on fe contente de déclamer

Tome III.   G

contre leurs mœurs, à tout hafard, fans s'informer fi elles meritent la même cenfure que leur façon de penfer.

Une telle conduite donne gain de caufe aux incrédules; ils fe moquent d'une religion, que notre ignorance voudroit ne pouvoir être conciliée avec la philofophie : ils chantent victoire dans leurs retranchemens, que notre maniere de combattre leur fait croire invincibles. Si la religion n'eft pas victorieufe, c'eft la faute des mauvais auteurs qui la défendent. Que les bons prennent la plume, qu'ils fe montrent bien armés, & la théologie l'emportera de haute lutte fur une auffi foible rivale. Je compare les athées à ces géans qui voulurent efcalader les cieux : ils auront toujours le même fort.

Voilà ce que j'ai cru devoir mettre à la tête de cette petite brochure, pour prévenir toute inquiétude. Il ne me convient pas de réfuter ce que j'imprime, ni même de dire mon fentiment fur les raifonnemens qu'on trouvera dans cet écrit. Les connoiffeurs verront aifément que ce ne font que des difficultés qui fe préfentent toutes les fois qu'on veut expliquer l'union de l'ame avec le corps. Si les conféquences que l'auteur en tire font dangereufes, qu'on fe fouvienne qu'elles n'ont qu'un hypothefe pour fondement. En faut-il davantage pour les détruire ? Mais s'il m'eft permis de fup-

pofer ce que je ne crois pas , quand même ces
conféquences feroient difficiles à renverfer , on
n'en auroit qu'une plus belle occafion de briller.
A vaincre fans péril, on triomphe fans gloire.

L'auteur, que je ne connois point , m'a envoyé
fon ouvrage de *Berlin* , en me priant feulement
d'en envoyer fix exemplaires à l'adreffe de M.
le marquis D'ARGENS. Affurément on ne peut
mieux s'y prendre pour garder *l'incognito* ; car je
fuis perfuadé que cette adreffe même n'eft qu'un
perfifflage.

A MONSIEUR HALLER,

PROFESSEUR EN MÉDECINE,

A GOTTINGUE.

CE n'eſt point ici une dédicace ; vous êtes fort au-deſſus de tous les éloges que je pourrois vous donner, & je ne connois rien de ſi inutile, ni de ſi fade, ſi ce n'eſt un diſcours académique. Ce n'eſt point une expoſition de la nouvelle méthode que j'ai ſuivie pour relever un ſujet uſé & rebattu. Vous lui trouverez du moins ce merite ; & vous jugerez au reſte ſi votre diſciple & votre ami a bien rempli ſa carriere. C'eſt le plaiſir que j'ai eu à compoſer cet ouvrage, dont je veux parler ; c'eſt moi-même, & non mon livre que je vous adreſſe, pour m'éclairer ſur la nature de cette ſublime volupté de l'étude. Tel eſt le ſujet de ce diſcours. Je ne ſerois pas le premier écrivain, qui, n'ayant rien à dire pour réparer la ſtérilité de ſon imagination, auroit pris un texte, où il n'y en eut jamais. Dites-moi donc, double enfant d'Appollon, Suiſſe illuſtre, Fracaſtor moderne, vous qui ſavez tout à la fois connoître, meſurer la nature, qui plus eſt la ſentir, qui plus eſt encore l'exprimer : ſavant médecin, encore plus grand poëte, dites-moi par quels charmes l'étude peut changer les heures en momens : quelle est la nature de ces plaisirs de l'esprit, si differens des plaisirs vulgaires...... Mais la lecture de vos charmantes poésies m'en a trop pénétré moi-même, pour que je n'essaie pas de dire ce qu'elles m'ont inspiré. L'homme, considéré dans ce point de vue, n'a rien d'étrange à mon sujet.

La volupté des sens, quelque aimable & chérie qu'elle soit, quelques éloges que lui ait donnés la plume apparemment aussi reconnoissante que délicate d'un jeune médecin françois, n'a qu'une seule jouissance qui est son tombeau. Si le plaisir parfait ne la tue point sans retour, il lui faut un certain temps pour ressusciter. Que les ressources des plaisirs de l'esprit sont différentes ! plus on s'approche de la vérité, plus on la trouve charmante. Non-seulement sa jouissance augmente les désirs, mais on jouit ici, dès qu'on cherche à jouir. On jouit long-temps, & cependant plus vite que l'éclair ne parcourt. Faut-il s'étonner si la volupté de l'esprit est aussi supérieure à celle des sens, que l'esprit est au-dessus du corps ? L'esprit n'est-il pas le premier des sens, & comme le rendez-vous de toutes les sensations ? N'y aboutissent-elles pas toutes, comme autant de rayons, à un centre qui les produit ? Ne cherchons donc plus par quels invincibles charmes, un cœur que l'amour de la vérité enflamme, se trouve tout-à-coup transporté.

G 3

pour ainſi dire, dans un monde plus beau, où il goûte des plaiſirs dignes des dieux. De toutes les attractions de la nature, la plus forte, du moins pour moi, comme pour vous, cher Haller, eſt celle de la philoſophie. Quelle gloire plus belle, que d'être conduit à ſon temple par la raiſon & la ſageſſe ! Quelle conquête plus flatteuſe que de ſe ſoumettre tous les eſprits !

Paſſons en revue tous les objets de ces plaiſirs inconnus aux ames vulgaires. De quelle beauté, de quelle etendue ne ſont-ils pas ? Le temps, l'eſpace, l'infini, la terre, la mer, le firmament, tous les élémens, toutes les ſciences, tous les arts, tout entre dans ce genre de volupté. Trop reſſerrée dans les bornes du monde, elle en imagine un million. La nature entiere eſt ſon aliment, & l'imagination ſon triomphe. Entrons dans quelque détail.

Tantôt c'eſt la poéſie ou la peinture ; tantôt c'eſt la muſique ou l'architecture, le chant, la danſe, &c. qui font goûter aux connoiſſeurs des plaiſirs raviſſans. Voyez la Delbar (femme de Piron) dans une loge d'opéra ; pâle & rouge tour-à-tour, elle a la meſure avec Rebel, s'attendrit avec Iphi-génie, entre en fureur avec Roland, &c. Toutes les impreſſions de l'orcheſtre paſſent ſur ſon viſage, comme ſur une toile. Ses yeux s'adouciſſent, ſe pâment, rient, ou s'arment d'un courage guerrier.

On la prend pour une folle. Elle ne l'eſt point ; à moins qu'il n'y ait de la folie à ſentir le plaiſir. Elle n'eſt que pénétrée de mille beautés qui m'échappent.

VOLTAIRE ne peut refuſer des pleurs à ſa Mérope ; c'eſt qu'il ſent le prix, & de l'ouvrage, & de l'actrice. Vous avez lu ſes écrits, & malheureuſement pour lui, il n'eſt point en état de lire les vôtres. Dans les mains, dans la mémoire de qui ne ſont-ils pas ? & quel cœur aſſez dur pour ne point en être attendri ! comment tous ſes goûts ne ſe communiqueroient-ils pas ? Il en parle avec tranſport.

Qu'un grand peintre, je l'ai vu avec plaiſir en liſant ces jours paſſés la préface de Richardſon, parle de la peinture, quels éloges ne lui donne-t-il pas ? Il adore ſon art, il le met au-deſſus de tout, il doute preſque qu'on puiſſe être heureux ſans être peintre, tant il eſt enchanté de ſa profeſſion.

Qui n'a pas ſenti les mêmes tranſports que Scaliger, ou le pere Mallebranche, en liſant, ou quelques belles tirades des poëtes tragiques, Grecs, Anglois, François, ou certains ouvrages philoſophiques ? Jamais madame Dacier n'eût compté ſur ce que ſon mari lui promettoit, & elle trouva cent fois plus. Si l'on éprouve une ſorte d'enthouſiaſme à traduire & développer les penſées d'autrui, *qu'est-ce donc si l'on pense soi-même ? qu'est-ce que cette génération, cet enfantement d'idées que produit le goût de la nature & la recherche du vrai ? Comment peindre cet acte de la volonté ou de la mémoire, par lequel l'ame se reproduit en quelque sorte, en joignant une idée à une autre trace semblable, pour que de leur ressemblance, & comme de leur union, il en naisse une troisieme : car admirez les productions de la nature. Telle est son uniformité, qu'elles se font presque toutes de la même maniere.*

Les plaisirs des sens mal réglés perdent toute leur vivacité & ne sont plus des plaisirs. Ceux de l'esprit leur ressemblent jusqu'à un certain point. Il faut les suspendre pour les aiguiser. Enfin l'étude a ses extases, comme l'amour. S'il m'est permis de le dire, c'est une catalepsie ou immobilité de l'esprit si délicieusement enivré de l'objet qui le fixe & l'enchante, qu'il semble détaché par abstraction de son propre corps & de tout ce qui l'environne, pour être tout entier à ce qu'il poursuit. Il ne sent rien, à force de sentir. Tel est le plaisir qu'on goûte, & en cherchant & en trouvant la vérité. Jugez de la puissance de ses charmes par l'extase d'Archimede : vous savez qu'elle lui coûta la vie.

Que les autres hommes se jettent dans la foule, pour ne pas se connoître ou plutôt se haïr, le

*fage fuit le grand monde & cherche la folitude.
Pourquoi ne fe plait-il qu'avec lui-même, ou avec
fes femblables ? C'eft que fon ame eft un miroir
fidele, dans lequel fon jufte amour-propre trouve
fon compte à fe regarder. Qui eft vertueux, n'a
rien à craindre de fa propre connoiffance, fi ce
n'eft l'agréable danger de s'aimer.*

*Comme aux yeux d'un homme qui regarderoit
la terre du haut des cieux, toute la grandeur des
autres hommes s'évanouiroit, les plus fuperbes
palais fe changeroient en cabanes, & les plus
nombreufes armées reffembleroient à une troupe
de fourmis, combattant pour un grain avec la
plus ridicule furie ; ainfi paroiffent les chofes à
un fage, tel que vous. Il rit des vaines agitations
des hommes, quand leur multitude embarraffe la
terre & fe pouffe pour rien, dont il eft jufte qu'aucun
d'eux ne foit content.*

*Que Pope débute d'une maniere fublime dans
fon effai fur l'homme ! Que les grands & les rois
font petits devant lui ! O vous, moins mon maître,
que mon ami, qui aviez reçu de la nature la même
force de génie que lui, dont vous avez abufé, ingrat,
qui ne méritez pas d'exceller dans les fciences ;
vous m'avez appris à rire, comme ce grand poëte,
ou plutôt à gémir des joucts & des bagatelles qui
occupent férieufement les monarques. C'eft à vous
que je dois tout mon bonheur. Non, la conquête*

du monde entier ne vaut pas le plaifir qu'un philofophe goûte dans fon cabinet, entouré d'amis
muets, qui lui difent cependant tout ce qu'il defire
d'entendre. Que dieu ne m'ôte point le néceffaire
& la fanté, c'eft tout ce que je lui demande. Avec
la fanté, mon cœur fans dégoût aimera la vie.
Avec le néceffaire, mon efprit content cultivera
toujours la fageffe.

Oui, l'étude eft un plaifir de tous les âges, de
tous les lieux, de toutes les faifons & de tous les
momens. A qui Ciceron n'a-t-il pas donné envie
d'en faire l'heureufe expérience? Amufement dans
la jeuneffe, dont il tempere les paffions fougueufes:
pour le bien goûter, j'ai été quelquefois forcé de
me livrer à l'amour. L'amour ne fait point de
peur à un fage : il fait tout allier & tout faire
valoir l'un par l'autre. Les nuages qui offufquent
fon entendement, ne le rendent point pareffeux;
ils ne lui indiquent que le remede qui doit les
diffiper. Il eft vrai que le foleil n'écarte pas plus
vite ceux de l'atmofphere.

Dans la vieilleffe, âge glacé, où on n'eft plus
propre, ni à donner, ni à recevoir d'autres plaifirs,
quelle plus grande reffource que la lecture & la
méditation! Quel plaifir de voir tous les jours fous
fes yeux & par fes mains croître & fe former un
ouvrage qui charmera les fiecles à venir, & même
fes contemporains! Je voudrois, me difoit un jour

un homme, dont la vanité commençoit à sentir le plaisir d'être auteur, passer ma vie à aller de chez moi chez l'imprimeur. Avoit-il tort ? & lorsqu'on est applaudi, quelle mere tendre fut jamais plus charmée d'avoir fait un enfant aimable ?

Pourquoi tant vanter les plaisirs de l'étude ? Qui ignore que c'est un bien qui n'apporte point le dégoût ou les inquiétudes des autres biens ? un trésor inépuisable, le plus sûr contrepoison du cruel ennui ; qui se promene & voyage avec nous, & en un mot nous suit par-tout ? Heureux qui a brisé la chaîne de tous ses préjugés ! celui-là goûtera ce plaisir dans toute sa pureté. Celui-là seul jouira de cette douce tranquillité d'esprit, de ce parfait contentement d'une ame forte & sans ambition, qui est le pere du bonheur, s'il n'est le bonheur même.

Arrêtons-nous un moment à jetter des fleurs sur les pas de ces grands hommes que Minerve a, comme vous, couronnée d'un lierre immortel. Ici c'est Flore qui vous invite avec Linnæus, à monter par de nouveaux sentiers sur le sommet glacé des Alpes, pour y admirer, sous une autre montagne de neige, un jardin planté par les mains de la nature : jardin qui fut jadis tout l'héritage du célebre professeur Suédois. De-là vous descendez dans ces prairies, dont les fleurs l'attendent pour se ranger dans un ordre, qu'elles sembloient avoir jusqu'alors dédaigné.

Là je vois Maupertuis, l'honneur de la nation Françoise, dont une autre a mérité de jouir. Il sort de la table d'un ami, qui est le plus grand des rois. Où va-t-il? Dans le conseil de la nature, où l'attend Newton.

Que dirai-je du chymiste, du géometre, du physicien, du mécanicien, de l'anatomiste, &c? Celui-ci a presque autant de plaisir à examiner l'homme mort, qu'on en a eu à lui donner la vie.

Mais tout cede au grand art de guérir. Le médecin est le seul philosophe qui mérite de sa patrie, on l'a dit avant moi; il paroît comme les freres d'Hélene dans les tempêtes de la vie. Quelle magie, quel enchantement ! Sa seule vue calme le sang, rend la paix à une ame agitée, & fait renaître la douce espérance au cœur des malheureux mortels. Il annonce la vie & la mort, comme un astronome prédit une éclipse. Chacun a son flambeau qui l'éclaire. Mais si l'esprit a eu du plaisir à trouver les regles qui le guident, quel triomphe, vous en faites tous les jours l'heureuse expérience ; quel triomphe, quand l'événement en a justifié la hardiesse !

La premiere utilité des sciences est donc de les cultiver : c'est déjà un bien réel & solide. Heureux

qui a du goût pour l'étude ! plus heureux qui réussit
à délivrer par elle son esprit de ses illusions &
son cœur de sa vanité : but désirable, où vous avez
été conduit dans un âge encore tendre par les
mains de la sagesse ; tandis que tant de pédans,
après un demi-siecle de veilles & de travaux,
plus courbés sous le faix des préjugés que sous
celui du temps, semblent avoir tout appris, excepté
à penser. Science rare à la vérité, sur-tout dans
les savans, & qui cependant devroit être du
moins le fruit de tous les autres. C'est à cette seule
science que je me suis appliqué dès l'enfance. Jugez,
Monsieur, si j'ai réussi ; & que cet hommage de
mon amitié soit éternellement chéri de la vôtre.

L'HOMME MACHINE.

Est-ce là ce rayon de l'essence suprême,
  Que l'on nous peint si lumineux ?
Est-ce là cet esprit survivant à nous-même ?
Il nait avec nos sens, croît, s'affoiblit comme eux.
  Hélas ! il périra de même.

VOLTAIRE.

L'HOMME MACHINE.

IL ne suffit pas à un sage d'étudier la nature & la vérité ; il doit oser la dire en faveur du petit nombre de ceux qui veulent & peuvent penser ; car pour les autres, qui font volontairement efclaves des préjugés, il ne leur eft pas plus poffible d'atteindre la vérité, qu'aux grenouilles de voler.

Je réduis à deux les fyftêmes des philofophes fur l'ame de l'Homme. Le premier, & le plus ancien, eft le fyftême du matérialifme ; le fecond eft celui du fpiritualifme.

Les métaphyficiens, qui ont infinué que la matiere pourroit bien avoir la faculté de penfer, n'ont pas déshonoré leur raifon. Pourquoi ? C'eft qu'ils ont un avantage (car ici c'en eft un), de s'être mal exprimés. En effet, demander fi la matiere peut penfer, fans la confidérer autrement qu'en elle-même, c'eft demander fi la matiere peut marquer les heures. On voit d'avance que nous éviterons cet écueil où M. Locke a eu le malheur d'échouer.

Les Leibnitiens, avec leurs *Monades*, ont élevé une hypothefe inintelligible. Ils ont plutôt fpiritualifé la matiere que matérialifé l'ame. Comment peut-on definir un être dont la nature nous eft abfolument inconnue ?

Defcartes & tous les Cartéfiens, parmi lefquels il y a long-tems qu'on a compté les Mallebranchifles, ont fait la même faute. Ils ont admis deux fubftances diftinctes dans l'homme, comme s'ils les avoient vues & bien comptées.

Les plus fages ont dit que l'ame ne pouvoit fe connoître que par les feules lumieres de la foi : cependant en qualité d'êtres raifonnables, ils ont cru pouvoir fe réferver le droit d'examiner ce que l'ecriture a voulu dire par le mot *Efprit*, dont elle fe fert, en parlant de l'ame humaine ; & dans leurs recherches, s'ils ne font pas d'accord fur ce point avec les théologiens, ceux-ci le font-ils davantage entr'eux fur tous les autres ?

Voici en peu de mots le réfultat de toutes leurs réflexions.

S'il y a un dieu, il eft auteur de la nature comme de la révélation : il nous a donné l'une pour expliquer l'autre, & la raifon pour les accorder enfemble.

Se défier des connoiffances qu'on peut puifer dans les corps animés, c'eft regarder la nature & la révélation comme deux contraires qui fe détruifent, & par conféquent, c'eft ofer foutenir

cette abfurdité : que dieu fe contredit dans fes
divers ouvrages & nous trompe.

S'il y a une révélation, elle ne peut donc
démentir la nature. Par la nature feule, on peut
découvrir le fens des paroles de l'évangile, dont
l'expérience feule eft la véritable interprete. En
effet, les autres commentateurs jufqu'ici n'ont fait
qu'embrouiller la vérité. Nous allons en juger par
l'auteur du *Spectacle de la Nature* : « Il eft éton-
» nant, dit-il, (au fujet de M. Locke) qu'un
» homme qui dégrade notre ame jufqu'à la croire
» une ame de boue, ofe établir la raifon pour
» juge & fouveraine arbitre des myfteres de la
» foi ; car, ajoute-t-il, quelle idée étonnante
» auroit-on du chriftianifme, fi l'on vouloit fuivre
» la raifon ? »

Outre que ces réflexions n'éclairciffent rien par
rapport à la foi, elles forment de fi frivoles objections contre la méthode de ceux qui croient
pouvoir interpréter les livres faints, que j'ai prefque
honte de perdre le temps à les réfuter.

1°. L'excellence de la raifon ne dépend pas
d'un grand mot vuide de fens (*l'immaterialité*) ;
mais de fa force, de fon étendue ou de fa clair-
voyance. Ainfi une *ame de boue*, qui découvriroit
comme d'un coup-d'œil les rapports & les fuites
d'une infinité d'idées, difficiles à faifir, feroit
évidemment préférable à une ame fotte & ftupide,

qui feroit faite des élémens les plus précieux. Ce n'eft pas être philofophe que de rougir avec Pline de la mifere de notre origine. Ce qui paroît vil, eft ici la chofe la plus précieufe, & pour laquelle la nature femble avoir mis le plus d'art & le plus d'appareil. Mais comme l'homme, quand même il viendroit d'une fource encore plus vile en apparence, n'en feroit pas moins le plus parfait de tous les êtres, quelle que foit l'origine de fon ame : fi elle eft pure, noble, fublime, c'eft une belle ame, qui rend refpectable quiconque en eft doué.

La feconde maniere de raifonner de M. Pluche me paroît vicieufe, même dans fon fyftême, qui tient un peu du fanatifme; car fi nous avons une idée de la foi qui foit contraire aux principes les plus clairs, aux vérités les plus inconteftables, il faut croire, pour l'honneur de la révélation & de fon auteur, que cette idée eft fauffe, & que nous ne connoiffons point encore le fens des paroles de l'évangile.

De deux chofes l'une : ou tout eft illufion, tant la nature même, que la révélation, ou l'expérience feule peut rendre raifon de la foi. Mais quel plus grand ridicule que celui de notre auteur ? Je m'imagine entendre un Péripatéticien qui difoit : » il » ne faut pas croire l'expérience de Toricelli; car » fi nous la croyions, fi nous allions bannir

» l'horreur du vuide, quelle étonnante philofophie
» aurions-nous ? «

J'ai fait voir combien le raifonnement de M.
Pluche eft vicieux (1), afin de prouver premiere-
ment que, s'il y a une révélation, elle n'eft point
fuffifamment démontrée par la feule autorité de
l'églife & fans aucun examen de la raifon, comme le
prétendent tous ceux qui la craignent ; fecondement,
pour mettre à l'abri de toute attaque la méthode
de ceux qui voudroient fuivre la voie que je leur
ouvre, d'interpréter les chofes furnaturelles, incompréhenfibles en foi, par les lumieres que chacun
a reçues de la nature.

L'expérience & l'obfervation doivent donc feules
nous guider ici. Elles fe trouvent fans nombre dans
les faftes des médecins, qui ont été philofophes,
& non dans les philofophes, qui n'ont pas été
médecins. Ceux-ci ont parcouru, ont éclairé le
labyrinthe de l'homme ; ils nous ont feuls dé-
voilé ces refforts cachés fous des enveloppes, qui
dérobent à nos yeux tant de merveilles. Eux feuls,
contemplant tranquillement notre ame, l'ont mille
fois furprife, & dans fa mifere, & dans fa grandeur,
fans plus la méprifer dans l'un de ces états, que
l'admirer dans l'autre. Encore une fois, voilà les
feuls phyficiens qui ayent droit de parler ici. Que

---

(1) *Il peche évidemment par une pétition de principe.*

nous diroient les autres, & sur-tout les théologiens ? N'est-il pas ridicule de les entendre décider sans pudeur sur un sujet qu'ils n'ont point été à portée de connoître, dont ils ont été au contraire entiérement détournés par les études obscures, qui les ont conduits à mille préjugés, & pour tout dire en un mot, au fanatisme qui ajoute encore à leur ignorance dans le mécanisme des corps.

Mais quoique nous ayons choisi les meilleurs guides, nous trouverons encore beaucoup d'épines & d'obstacles dans cette carriere.

— L'homme est une machine si composée, qu'il est impossible de s'en faire d'abord une idée claire, & conséquemment de la définir. C'est pourquoi toutes les recherches que les plus grands philosophes ont faites *à priori*, c'est-à-dire, en voulant se servir en quelque sorte des aîles de l'esprit, ont été vaines. Ainsi ce n'est qu'*à posteriori*, ou en cherchant à démêler l'ame, comme au travers des organes du corps, qu'on peut, je ne dis pas découvrir avec évidence la nature même de l'homme, mais atteindre le plus grand degré de probabilité possible sur ce sujet.

Prenons donc le bâton de l'expérience, & laissons-là l'histoire de toutes les vaines opinions des philosophes. Etre aveugle, & croire pouvoir se passer de ce bâton, c'est le comble de l'aveuglement. Qu'un moderne a bien raison de dire qu'il n'y a

que la vanité feule, qui ne tire pas des caufes fe-
condes, le même parti que des premieres! On peut
& on doit même admirer tous ces beaux génies
dans leurs travaux les plus inutiles, les Defcartes,
les Mallebranches, les Leibnitz, les Wolfs &c.
mais quel fruit, je vous prie, a-t-on retiré de
leurs profondes méditations & de tous leurs ouvrages? Commençons donc & voyons, non ce
qu'on a penfé, mais ce qu'il faut penfer pour le
repos de la vie.

Autant de tempéramens, autant d'efprits, de
caracteres & de mœurs differentes. Galien meme a
connu cette vérite, que Defcartes, & non Hippocrate, comme le dit l'auteur de l'hiftoire de
l'ame, a pouffee loin, jufqu'à dire que la médecine feule pouvoit changer les efprits & les mœurs
avec le corps. Il eft vrai, la mélancolie, la bile,
le phlegme, le fang &c. fuivant la nature, l'abondance & la diverfe combinaifon de ces humeurs,
de chaque homme, font un homme différent.

Dans les maladies, tantôt l'ame s'éclipfe & ne
montre aucun figne d'elle-même; tantôt on diroit
qu'elle eft double, tant la fureur la tranfporte;
tantôt l'imbécillité fe diffipe, & la convalefcence
d'un fot fait un homme d'efprit. Tantôt le plus beau
génie devenu ftupide, ne fe reconnoît plus. Adieu
toutes ces belles connoiffances acquifes à fi grands
frais, & avec tant de peine !

H 4

Ici c'eſt un paralytique qui demande ſi ſa jambe eſt dans ſon lit : là c'eſt un ſoldat qui croit avoir le bras qu'on lui a coupé. La mémoire de ſes anciennes ſenſations, & du lieu, où ſon ame les rapportoit, fait ſon illuſion & ſon eſpece de délire. Il ſuffit de lui parler de cette partie qui lui manque, pour lui en rappeler & faire ſentir tous les mouvemens ; ce qui ſe fait avec je ne ſais quel déplaiſir d'imagination qu'on ne peut exprimer.

Celui-ci pleure, comme un enfant, aux approches de la mort, que celui-là badine. Que falloit-il à Canus Julius, à Séneque, à Pétrone, pour changer leur intrépidité, en puſillanimité, ou en poltronnerie ? Une obſtruction dans la rate, dans le foie, un embarras dans la veine Porte. Pourquoi ? Parce que l'imagination ſe bouche avec les viſceres : & de-là naiſſent tous ces ſinguliers phénomenes de l'affection hyſtérique & hypocondriaque.

Que dirois-je de nouveau ſur ceux qui s'imaginent étre transformés en *loups-garoux*, en *coqs*, en *vampires*, qui croient que les morts les ſucent ? Pourquoi m'arréterois-je à ceux qui voient leur nez, ou autres membres de verre, & à qui il faut conſeiller de coucher ſur la paille, de peur qu'ils ne ſe caſſent, afin qu'ils en retrouvent l'uſage & la véritable chair : lorſque mettant le feu à la paille, on leur fait craindre d'être brûlés: frayeur qui a quelquefois guéri la paralyfie ? Je dois légerement paffer fur des chofes connues de tout le monde.

Je ne ferai donc pas plus long fur le détail des effets du fommeil. Voyez ce foldat fatigué! il ronfle dans la tranchée au bruit de cent pieces de canons! Son ame n'entend rien, fon sommeil eft une parfaite apoplexie. Une bombe va l'écrafer; il fentira peut-être moins ce coup qu'un infecte qui fe trouve fur le pied.

D'un autre côté, cet homme que la jaloufie, la haine, l'avarice, ou l'ambition dévore, ne peut trouver aucu repos. Le lieu le plus tranquille, les boiffons les plus fraîches & les plus calmantes, tout eft inutile à qui n'a pas délivré fon cœur du tourment des paffions.

L'ame & le corps s'endorment enfemble. A mefure que le mouvement du fang fe calme, un doux fentiment de paix & de tranquillité fe répand dans toute la machine; l'ame fe fent mollement s'appéfantir avec les paupieres & s'affaiffer avec les fibres du cerveau : elle devient ainfi peu-à-peu comme paralytique, avec tous les mufcles du corps. Ceux-ci ne peuvent plus porter les poids de la tete ; celle-là ne peut plus foutenir le fardeau de la penfée; elle eft dans le fommeil, comme n'étant point.

La circulation fe fait-elle avec trop de viteffe ? l'ame ne peut dormir. L'ame eft-elle trop agitée, le fang ne peut fe calmer ; il galope dans les

veines avec un bruit qu'on entend : telles font les
deux caufes réciproques de l'infomnie. Une feule
frayeur dans les fonges fait battre le cœur à coups
redoublés, & nous arrache à la nécefiité ou à la
douceur du repos, comme feroient une vive
douleur ou des befoins urgens. Enfin comme la feule
ceffation des fonctions de l'ame procure le fommeil, il eft, même pendant la veille (qui n'eft alors
qu'une demi-veille) des fortes de petits fommeils
d'ame très-fréquens, des *rêves à la Suiffe*, qui
prouvent que l'ame n'attend pas toujours le corps
pour dormir ; car fi elle ne dort pas tout-à-fait, de
combien peu s'en faut-il ! puifqu'il lui eft impoffible d'affiguer un feul objet auquel elle ait prêté
quelque attention ; parmi cette foule innombrable
d'idées confufes, qui, comme autant de nuages,
rempliffent, pour ainfi dire, l'atmofphere de
notre cerveau.

L'opium a trop de rapport avec le fommeil
qu'il procure, pour ne pas le placer ici. Ce remede
enivre, ainfi que le vin, le café, &c. chacun à fa
maniere, & fuivant fa dofe. Il rend l'homme
heureux dans un état qui fembleroit devoir être le
tombeau du fentiment, comme il eft l'image de la
mort. Quelle douce léthargie ! L'ame n'en voudroit jamais fortir. Elle étoit en proie aux plus
grandes douleurs ; elle ne fent plus que le feul plaifir
de ne plus fouffrir & de jouir de la plus charmante

tranquillité. L'opium change jufqu'à la volonté ; il
force l'ame qui vouloit veiller & fe divertir ,
d'aller fe mettre au lit malgré elle. Je paffe fous
filence l'hiftoire des poifons.

C'eft en fouettant l'imagination que le café, cet
antidote du vin , diffipe nos maux de tête & nos
chagrins, fans nous en ménager, comme cette liqueur,
pour le lendemain.

Contemplons l'ame dans fes autres befoins.

Le corps humain eft une machine qui monte
elle-même fes refforts ; vivante image du mouvement perpétuel. Les alimens entretiennent ce que
la fievre excite. Sans eux, l'ame languit, entre en
fureur & meurt abattue. C'eft une bougie dont la
lumiere fe ranime, au moment de s'éteindre. Mais
nourriffez le corps, verfez dans fes tuyaux des fucs
vigoureux, des liqueurs fortes : alors l'ame généreufe comme elles, s'arme d'un fier courage, & le
foldat que l'eau eût fait fuir, devenu féroce, court
gaiement à la mort au bruit des tambours. C'eft ainfi
que l'eau chaude agite un fang que l'eau froide eût
calmé.

Quelle puiffance d'un repas ! La joie renaît dans
un cœur trifte, elle paffe dans l'ame des convives
qui l'expriment par d'aimables chanfons, où le
françois excelle. Le mélancolique feul eft accablé,
& l'homme d'étude n'y eft plus propre.

La viande crue rend les animaux féroces : les

hommes le deviendroient par la même nourriture ;
cela est si vrai, que la nation angloise, qui ne
mange pas la chair si cuite que nous, mais rouge
& sanglante, paroît participer de cette férocité
plus ou moins grande qui vient en partie de tels
alimens & d'autres causes que l'éducation peut
seule rendre impuissantes. Cette férocité produit
dans l'ame l'orgueil, la haine, le mépris des autres
nations, l'indocilité & autres sentimens qui dé-
pravent le caractere, comme des alimens grossiers
font un esprit lourd, épais, dont la paresse & l'in-
dolence font les attributs favoris.

M. Pope a bien connu tout l'empire de la gour-
mandise, lorsqu'il dit : » Le grave Catius parle
» toujours de vertu, & croit que qui souffre les
» vicieux, est vicieux lui-même. Ces beaux sen-
» timens durent jusqu'à l'heure du dîner ; alors il
» préfere un scélérat qui a une table délicate à
» un saint frugal.

» Considérez, dit-il ailleurs, le même homme
» en santé ou en maladie, possédant une belle
» charge ou l'ayant perdue, vous le verrez chérir
» la vie ou la détester : fou à la chasse, ivrogne
» dans une assemblée de province, poli au bal,
» bon ami en ville, sans foi à la cour.

Nous avons eu en Suisse un baillif, nommé
M. Steiguer de Wittighofen ; il étoit à jeun le plus
integre & même le plus indulgent des juges ; mais

malheur au misérable qui se trouvoit sur la sel-
lette lorsqu'il avoit fait un grand dîner ! Il étoit
homme à faire pendre l'innocent comme le
coupable.

Nous pensons, & même nous ne sommes honnêtes gens que comme nous sommes gais ou braves ;
tout dépend de la maniere dont notre machine
est montée. On diroit en certains momens que
l'ame habite dans l'estomac, & que Van Hel-
mont en mettant son siege dans le Pylore, ne
se seroit trompé, qu'en prenant la partie pour le
tout.

À quel excés la faim cruelle peut nous porter !
Plus de respect pour les entrailles auxquelles on
doit ou on a donné la vie ; on les déchire à belles
dents, on s'en fait d'horribles festins ; & dans la
fureur dont on est transporté, le plus foible est
toujours la proie du plus fort.

La grossesse, cette émule desirée des pâles couleurs, ne se contente pas d'amener le plus souvent
à sa suite les goûts dépravés qui accompagnent ces
deux états ; elle a quelquefois fait exécuter à l'ame
les plus affreux complots ; effets d'une manie subite,
qui étouffe jusqu'à la loi naturelle. C'est ainsi que
le cerveau, cette matrice de l'esprit, se pervertit
à sa maniere, avec celle du corps.

Quelle autre fureur d'homme ou de femme,
dans ceux que la continence & la santé poursuivent !

C'eſt peu pour cette fille timide & modeſte d'avoir perdu toute honte & toute pudeur; elle ne regarde plus l'inceſte que comme une femme galante regarde l'adultere. Si ſes beſoins ne trouvent pas de prompts ſoulagemens, ils ne ſe borneront point aux ſimples accidens d'une paſſion utérine, à la manie, &c. cette malheureuſe mourra d'un mal dont il y a tant de médecins.

Il ne faut que des yeux pour voir l'influence néceſſaire de l'âge ſur la raiſon. L'ame ſuit les progrès du corps comme ceux de l'éducation. Dans le beau ſexe, l'ame ſuit encore la délicateſſe du tempérament : de-là cette tendreſſe, cette affection, ces ſentimens vifs plutôt fondés ſur la paſſion que ſur la raiſon ; ces préjugés, ces ſuperſtitions, dont la force empreinte peut à peine s'effacer, &c. L'homme, au contraire, dont le cerveau & les nerfs participent de la fermeté de tous les ſolides, a l'eſprit, ainſi que les traits du viſage, plus nerveux : l'éducation, dont manquent les femmes, ajoute encore de nouveaux degrés de force à ſon ame. Avec de tels ſecours de la nature & de l'art, comment ne ſeroit-il pas plus reconnoiſſant, plus généreux, plus conſtant en amitié, plus ferme dans l'adverſité, &c. ? Mais ſuivant à-peu-près la penſée de l'auteur des Lettres ſur les Phyſionomies : qui joint les graces de l'eſprit & du corps à preſque tous les ſentimens du cœur les plus tendres & les plus délicats ne doit point nous envier une double force, qui ne semble avoir été donnée à l'homme; l'une, que pour se mieux pénétrer des attraits de la beauté, l'autre, que pour mieux servir à ses plaisirs.

Il n'est pas plus nécessaire d'être aussi grand physionomiste que cet auteur, pour deviner la qualité de l'esprit, par la figure ou la forme des traits, lorsqu'ils sont marqués jusqu'à un certain point, qu'il ne l'est d'être grand médecin pour connoître un mal accompagné de tous ses symptômes évidens. Examinez les portraits de Locke, de Steele, de Boerhaave, de Maupertuis, &c. vous ne serez point surpris de leur trouver des physionomies fortes, des yeux d'aigle. Parcourez-en une infinité d'autres, vous distinguerez toujours le beau du grand génie, & même souvent l'honnête homme du fripon. On a remarqué, par exemple, qu'un poëte célebre réunit (dans son portrait) l'air d'un filou avec le feu de de Prométhée.

L'histoire nous offre un mémorable exemple de la puissance de l'air. Le fameux duc de Guise étoit si fort convaincu qu'Henri III, qui l'avoit eu tant de fois en son pouvoir, n'oseroit jamais l'assassiner, qu'il partit pour Blois. Le chancelier Chiverny apprenant son départ, s'écria *voilà un homme perdu.* Lorsque sa fatale prédiction fut justifiée par l'événement, on lui en demanda la raison. *Il y a vingt ans*, dit-il , *que je connois le roi ; il eſt naturellement bon & même foible ; mais j'ai obſervé qu'un rien l'impatiente & le met en fureur lorſqu'il fait froid.*

Tel peuple a l'eſprit lourd & ſtupide ; tel autre l'a vif, léger, pénétrant. D'où cela vient-il, ſi ce n'eſt en partie, & de la nourriture qu'il prend, & de la ſemence de ſes peres (1), & de ce chaos de divers élémens qui nagent dans l'immenſité de l'air ? L'eſprit a, comme le corps, ſes maladies épidémiques & ſon ſcorbut.

Tel eſt l'empire du climat, qu'un homme qui en change, ſe reſſent, malgré lui, de ce changement. C'eſt une plante ambulante qui s'eſt elle-même tranſplantée : ſi le climat n'eſt plus le même, il eſt juſte qu'elle dégénere ou s'améliore.

On prend tout encore de ceux avec qui l'on vit, leurs geſtes, leurs accens, &c. comme la paupiere ſe baiſſe à la menace du coup dont on eſt prévenu, ou par la même raiſon que le corps du ſpectateur imite machinalement, & malgré lui, tous les mouvemens d'un bon pantomime.

Ce que je viens de dire prouve que la meilleure compagnie pour un homme d'eſprit, eſt la ſienne,

---

(1) *L'hiſtoire des animaux & des hommes prouve l'empire de la ſemence des peres ſur l'eſprit, & le corps des enfans.*

s'il

s'il n'en trouve une femblable. L'efprit fe rouille
avec ceux qui n'en ont point, faute d'être exercé :
à la paume on renvoie mal la balle à qui la fert mal.
J'aimerois mieux un homme intelligent , qui n'auroit eu aucune éducation , que s'il en eût eu une
mauvaife , pourvu qu'il fût encore affez jeune. Un
efprit mal conduit eft un acteur que la province
a gâté.

Les divers états de l'ame font donc toujours
corrélatifs à ceux du corps. Mais pour mieux
démontrer toute cette dépendance & fes caufes,
fervons-nous ici de l'anatomie comparée ; ouvrons
les entrailles de l'homme & des animaux. Le moyen
de connoître la nature humaine , fi l'on n'eft
éclairé par un jufte parallele de la ftructure des uns
& des autres !

En général la forme & la compofition du cerveau
des quadrupedes eft à-peu-près la même que dans
l'homme. Même figure , même difpofition pour tout ,
avec cette différence effentielle , que l'homme
eft de tous les animaux celui qui a le plus de
cerveau , & le cerveau le plus tortueux , en raifon
de la maffe de fon corps ; enfuite le finge , le
caftor , l'eléphant , le chien , le renard , le
chat , &c. Voilà les animaux qui reffemblent le
plus à l'homme ; car on remarque auffi chez eux
la même analogie graduée par rapport au corps
calleux , dans lequel Lancifi avoit établi le fiege

de l'ame avant feu M. de la Peyronnie, qui
cependant a illuftré cette opinion par une foule
d'expériences.

Après tous les quadrupedes, ce font les oifeaux
qui ont le plus de cerveau. Les poiffons ont la
téte groffe, mais elle eft vuide de fens, comme
celle de bien des hommes. Ils n'ont point de corps
calleux, & fort peu de cerveau, lequel manque
aux infectes.

Je ne me répandrai point en plus long détail des
variétés de la nature, ni en conjectures, car les
unes & les autres font infinies, comme on en peut
juger en lifant les feuls traités de Willis *de Cerebro,*
& *de animá brutorum.*

Je conclurai feulement ce qui s'enfuit clairement
de ces inconteftables obfervations, 1°. que plus les
animaux font farouches, moins ils ont de cerveau:
2°. que ce vifcere femble s'agrandir en quelque
forte, à proportion de leur docilité: 3°. qu'il y a
ici une finguliere condition impofée éternellement
par la nature, qui eft que plus on gagnera du côté
de l'efprit, plus on perdra du côté de l'inftinct.
Lequel l'emporte de la perte, ou du gain?

Ne croyez pas au refte que je veuille prétendre
par-là que le feul volume du cerveau fuffife pour
faire juger du degré de docilité des animaux; il
faut que la qualité réponde encore à la quantité,

& que les solides & les fluides soient dans cet
équilibre convenable qui fait la santé.

Si l'imbécille ne manque pas de cerveau, comme
on le remarque ordinairement, ce viscere péchera
par une mauvaise consistance, par trop de mollesse,
par exemple. Il en est de même des fous, les vices
de leur cerveau ne se dérobent pas toujours à nos
recherches ; mais si les causes de l'imbécillité,
de la folie &c. ne sont pas sensibles, où aller
chercher celles de la variété de tous les esprits ?
Elles échappent aux yeux des lynz & des argus.
*Un rien, une petite fibre, quelque chose que la
plus subtile anatomie ne peut découvrir*, eût fait
deux sots, d'Erasme & de Fontenelle, qui le
remarqué lui-même dans un de ses meilleurs
dialogues.

Outre la mollesse de la moëlle du cerveau, dans
les enfans, dans les petits chiens & dans les oiseaux,
Willis a remarqué que les *corps cannelés* sont
effacés & comme décolorés dans tous ces animaux,
& que leurs *stries* sont aussi imparfaitement formés
que dans les paralytiques. Il ajoute, ce qui est
vrai, que l'homme a la protubérance annullaire
fort grosse ; & ensuite toujours diminutivement
par degrés, le singe & les autres animaux nommés
ci-devant, tandis que le veau, le bœuf, le loup,
la brebis, le cochon &c., qui ont cette partie

d'un très-petit volume, ont les *nates* & *têtes* fort gros.

On a beau être difcret & réfervé fur les confé-quences qu'on peut tirer de ces obfervations & de tant d'autres fur l'efpece d'inconftance des vaiffeaux & des nerfs &c. : tant de variétés ne peuvent être des jeux gratuits de la nature. Elles prouvent du moins la néceffité d'une bonne & abondante organifation, puifque dans tout le regne animal, l'ame fe raffermiffant avec le corps, acquiert de la fagacité, à mefure qu'il prend des forces.

Arrétons-nous à contempler la differente doci-lité des animaux. Sans doute l'analogie la mieux entendue conduit l'efprit à croire que les caufes dont nous avons fait mention, produifent toute la diverfité qui fe trouve entre eux & nous, quoiqu'il faille avouer que notre foible entendement, borné aux obfervations les plus groffieres, ne puiffe voir les liens qui regnent entre la caufe & les effets. C'eft une efpece d'*harmonie* que les philofophes ne connoîtront jamais.

Parmi les animaux, les uns apprennent à parler & à chanter; ils retiennent des airs & prennent tous les tons auffi exactement qu'un muficien. Les autres, qui montrent cependant plus d'efprit, tels que le finge, n'en peuvent venir à bout. Pourquoi céla, fi ce n'eft par un vice des organes de la parole ?

Mais ce vice eft-il tellement de conformation, qu'on n'y puiffe apporter aucun remede ? En un mot feroit-il abfolument impoffible d'apprendre une langue à cet animal ? Je ne le crois pas.

Je prendrois le grand finge préférablement à tout autre, jufqu'à ce que le hafard nous eût fait découvrir quelque autre efpece plus femblable à la nôtre, car rien ne répugne qu'il y en ait dans des régions qui nous font inconnues. Cet animal nous reffemble fi fort, que les naturaliftes l'ont appellé *homme fauvage*, ou homme *des bois*. Je le prendrois aux mêmes conditions des écoliers d'Amman; c'eft-à-dire, que je voudrois qu'il ne fût ni trop jeune, ni trop vieux; car ceux qu'on nous apporté en Europe, font communément trop âgés. Je choifirois celui qui auroit la phyfionomie la plus fpirituelle, & qui tiendroit le mieux dams mille petites opérations, ce qu'elle m'auroit promis. Enfin ne me trouvant pas digne d'être fon gouverneur, je le mettrois à l'école de l'excellent maître que je viens de nommer, ou d'un autre auffi habile, s'il en eft.

Vous favez par le livre d'Amman, & par tous ceux (1) qui ont traduit fa méthode, tous les pro-

---

(1) l'auteur de l'hiftoire natur.lle de l'ame &c.

diges qu'il a fu opérer fur les fourds de naiffance, dans les yeux defquels il a, comme il le fait entendre lui-même, trouvé des oreilles, & en combien peu de temps enfin il leur a appris à entendre, parler, lire & ecrire. Je veux que les yeux d'un fourd voient plus clair & foient plus intelligens que s'il ne l'étoit pas, par la raifon que la perte d'un membre ou d'un fens peut augmenter la force ou la pénétration d'un autre : mais le finge voit & entend ; il comprend ce qu'il entend & ce qu'il voit : il conçoit fi parfaitement les fignes qu'on lui fait, qu'à tout autre jeu ou tout autre exercice, je ne doute point qu'il ne l'emportât fur les difciples d'Amman. Pourquoi donc l'éducation des finges feroit-elle impoffible ? Pourquoi ne pourroit-il enfin, à force de foins, imiter, à l'exemple des fourds, les mouvemens néceffaires pour prononcer ? Je n'ofe décider fi les organes de la parole du finge ne peuvent, quoiqu'on faffe, rien articuler ; mais cette impoffibilité abfolue me furprendroit, à caufe de la grande analogie du finge & de l'homme, & qu'il n'eft point d'animal connu jufqu'à préfent, dont le dedans & le dehors lui reffemblent d'une maniere fi frappante. M. Locke, qui certainement n'a jamais été fufpect de crédulité, n'a pas fait difficulté de croire l'hiftoire que le chevalier Temple fait dans fes mémoires, d'un perroquet qui répondoit à propos, & avoit

appris, comme nous, à avoir une espece de conversation suivie. Je sais qu'on s'est moqué (1) de ce
grand métaphysicien ; mais qui auroit annoncé à
l'univers qu'il y a des générations qui se font sans
œufs & sans femmes, auroit-il trouvé beaucoup de
partisans ? Cependant M. Trembley en a découvert,
qui se font sans accouplement , & par la seule
section. Amman n'eût-il pas aussi passé pour un
fou, s'il se fût vanté, avant que d'en faire l'heureuse
expérience , d'instruire , & en aussi peu de temps ,
des écoliers tels que les siens? Cependant ses succès
ont étonné l'univers, & comme l'auteur de l'histoire des polypes, il a passé de plein vol à l'immortalité. Qui doit à son génie les miracles qu'il
opere, l'emporte à mon gré sur qui doit les siens
au hasard. Qui a trouvé l'art d'embellir le plus beau
des regnes, & de lui donner des perfections qu'il
n'avoit pas, doit être mis au-dessus d'un faiseur
oisif de systémes frivoles, ou d'un auteur laborieux
de stériles découvertes. Celles d'Amman sont bien
d'un autre prix ; il a tiré les hommes de l'instinct
auquel ils sembloient condamnés; il leur a donné
des idées, de l'esprit, une ame en un mot, qu'ils
n'eussent jamais eue. Quel plus grand pouvoir !

Ne bornons point les ressources de la nature ;

---

(1) *L'auteur de l'histoire de l'ame.*

I 4

elles font infinies, fur - tout aidées d'un grand art.

La même mécanique qui ouvre le canal d'euftachi dans les fourds, ne pourroit-il le déboucher dans les finges ? Une heureufe envie d'imiter la prononciation du maitre, ne pourroit-elle mettre en liberté les organes de la parole dans des animaux qui imitent tant d'autres fignes, avec tant d'adreffe & d'intelligence ? Non-feulement je défie qu'on me cite aucune expérience vraiment concluante, qui decide mon projet impoffible & ridicule; mais la fimilitude de la ftructure & des opérations du finge eft telle, que je ne doute prefque point, fi on exerçoit parfaitement cet animal, qu'on ne vînt à bout de lui apprendre à prononcer, & par confequent à favoir une langue. Alors ce ne feroit plus ni un homme fauvage, ni un homme manqué : ce feroit un homme parfait, un petit homme de ville, avec autant d'étoffe ou de mufcles que nous-mêmes, pour penfer & profiter de fon éducation.

Des animaux, à l'homme, la tranfition n'eft pas violente ; les vrais philofophes en conviendront. Qu'étoit l'homme, avant l'invention des mots & la connoiffance des langues ? Un animal de fon efpece, qui avec beaucoup moins d'inftinct naturel que les autres, dont alors il ne fe croyoit pas roi, n'étoit diftingué du finge & des autres animaux, que

comme le singe l'est lui-même ; je veux dire par
une physionomie qui annonçoit plus de discer-
-nement. Réduit à la seule *connoissance intuitive*
des Léibnitiens, il ne voyoit que des figures &
des couleurs, sans pouvoir rien distinguer entre
elles ; vieux, comme jeune, enfant à tout âge : il
bégayoit ses sensations & ses besoins, comme un
chien affamé ou ennuyé du repos demande à man-
ger ou à se promener.

Les mots, les langues, les loix, les sciences,
les beaux-arts sont venus ; & par eux enfin le
diamant brut de notre esprit a été poli. On a
dressé un homme, comme un animal ; on est devenu auteur, comme porte-faix. Un géometre a
appris à faire les démonstrations & les calculs les
plus difficiles, comme un singe à ôter ou mettre
son petit chapeau, & à monter sur son chien docile.
Tout s'est fait par des signes ; chaque espece a
compris ce qu'elle a pu comprendre, & c'est de
cette maniere que les hommes ont acquis *la connoissance symbolique*, ainsi nommée encore par
nos philosophes d'Allemagne.

Rien de si simple, comme on voit, que la mécanique de notre éducation ! Tout se réduit à des
sons, ou à des mots, qui de la bouche de l'un,
passent, par l'oreille de l'autre, dans le cerveau,
qui reçoit en même temps par les yeux la figure

des corps, dont ces mots font les fignes arbi-
traires.

Mais qui a parlé le premier ? Qui a été le premier précepteur du genre humain ? Qui a inventé
les moyens de mettre à profit la docilité de notre
organifation ? Je n'en fais rien ; le nom de ces
heureux & premiers génies a été perdu dans la
nuit des temps. Mais l'art eft le fils de la nature;
elle a dû long-temps le précéder.

On doit croire que les hommes les mieux organifés, ceux pour qui la nature aura épuifé fes bienfaits, auront inftruit les autres. Ils n'auront pu
entendre un bruit nouveau, par exemple, éprouver
de nouvelles fenfations, être frappé de tous ces
beaux objets divers qui forment le raviffant fpectacle de la nature, fans fe trouver dans le cas de
ce fourd de Chartres, dont le grand Fontenelle
nous a le premier donné l'hiftoire, lorfqu'il en-
tendit pour la premiere fois à quarante ans le bruit
étonnant des cloches.

De-là feroit-il abfurde de croire que ces premiers mortels effayerent, à la maniere de ce fourd,
ou à celle des animaux & des muets (autre efpece
d'animaux), d'exprimer leurs nouveaux fentimens
par des mouvemens dépendans de l'économie de
leur imagination, & conféquemment enfuite par
des fons fpontanés propres à chaque animal ;
expreffion naturelle de leur furprife, de leur joie,

de leurs transports ou de leurs besoins ? Car sans doute ceux que la nature a doués d'un sentiment plus exquis, ont eu aussi plus de facilité pour l'exprimer.

Voilà comme je conçois que les hommes ont employé leur sentiment, ou leur instinct, pour avoir de l'esprit, & enfin leur esprit, pour avoir des connoissances. Voilà par quels moyens, autant que je peux les saisir, on s'est rempli le cerveau des idées, pour la réception desquelles la nature l'avoit formé. On s'est aidé l'un par l'autre, & les plus petits commencemens s'agrandissant peu-à-peu, toutes les choses de l'univers ont été aussi facilement distinguées, qu'un cercle.

Comme une corde de violon, ou une touche de claveçin frémit, & rend un son, les cordes du cerveau, frappées par les rayons sonores, ont été excitées à rendre, ou à redire les mots qui les touchoient. Mais comme telle est la construction de ce viscere, que dès qu'une fois les yeux bien formés pour l'optique, ont reçu la peinture des objets, le cerveau ne peut pas ne pas voir leurs images & leurs différences : de même lorsque les signes de ces différences ont été marqués ou gravés dans le cerveau, l'ame en a nécessairement examiné les rapports ; examen qui lui étoit impossible, sans la découverte des signes, ou l'invention des langues. Dans ces temps, où l'univers étoit preſque muet, l'ame étoit à l'égard de tous les objets, comme un homme qui, ſans avoir aucune idée des proportions, regarderoit un tableau, ou une piece de ſculpture ; il n'y pourroit rien diſtinguer : ou comme un petit enfant (car alors l'ame étoit dans ſon enfance), qui tenant dans ſa main un certain nombre de petits brins de paille ou de bois, les voit en général d'une vue vague & ſuperficielle, ſans pouvoir les compter, ni les diſtinguer. Mais qu'on mette une eſpece de pavillon ou d'étendart à cette piece de bois, par exemple, qu'on appelle mât, qu'on en mette un autre à un autre pareil corps ; que le premier venu ſe nombre par le ſigne 1. & le ſecond par le ſigne, ou chiffre 2 ; alors cet enfant pourra les compter, & ainſi de ſuite il apprendra toute l'arithmétique. Dès qu'une figure lui paroîtra égale à une autre par ſon ſigne *numératif*, il conclura ſans peine que ce ſont deux corps ; que 1. & 1. font deux, que 2. & 2. font 4. &c. (1)

C'eſt une ſimilitude réelle, ou apparente des figures, qui eſt la baſe fondamentale de toutes les vérités & de toutes nos connoiſſances, parmi

____

(1) *Il y a encore aujourd'hui des peuples qui, faute d'un plus grand nombre de ſignes, ne peuvent compter que juſqu'à* 20.

lesquelles il eft évident que celles dont les fignes
font moins fimples & moins fenfibles, font plus
difficiles à apprendre que les autres : en ce qu'elles
demandent plus de génie, pour embraffer & com-
biner cette immenfe quantité de mots, par lefquels
les fciences dont je parle expriment les vérités de
leur reffort : tandis que les fciences, qui s'annoncent
par des chiffres, ou autres petits fignes, s'apprennent
facilement ; c'eft fans doute cette facilité qui a fait
la fortune des calculs algébriques, plus encore
que leur évidence.

Tout ce favoir, dont le vent enfle le ballon du
cerveau de nos pédans orgueilleux, n'eft donc qu'un
vafte ramas de mots & de figures, qui forment
dans la tête toutes les traces par lefquelles nous
diftinguons & nous nous rappellons les objets.
Toutes nos idées fe réveillent, comme un jardinier
qui connoît les plantes, fe fouvient de toutes
leurs phrafes à leur afpect. Ces mots & ces figures
qui font défignées par eux, font tellement liées
enfemble dans le cerveau, qu'il eft affez rare qu'on
imagine une chofe, fans le nom, ou le figne qui
lui eft attaché.

Je me fers toujours du mot *imaginer*, parce
que je crois que tout s'imagine, & que toutes les
parties de l'ame peuvent être juftement réduites
à la feule imagination, qui les forment toutes ; &
qu'ainfi le jugement, le raifonnement, la mémoire,

ne font que les parties de l'ame nullement abfolues,
mais de véritables modifications de cette efpece de
toile médullaire, fur laquelle les objets peints
dans l'œil, font renvoyés, comme d'une lanterne
magique.

Mais fi tel eft ce merveilleux & incompréhenfible
réfultat de l'organifation du cerveau : fi tout fe
conçoit par l'imagination, fi tout s'explique par
elle ; pourquoi divifer le principe fenfitif qui penfe
dans l'homme ? N'eft-ce pas une contradiction
manifefte dans les partifans de la fimplicité de
l'efprit ? Car une chofe qu'on divife, ne peut plus
être, fans abfurdité, regardée comme indivifible.
Voilà où conduit l'abus des langues, & l'ufage
de ces grands mots, *fpiritualité*, *immatérialité*,
&c. placés à tout hafard, fans être entendus, même
par des gens d'efprit.

Rien de plus facile que de prouver un fyftême
fondé comme celui-ci, fur le fentiment intime &
l'expérience propre de chaque individu. L'imagination, ou cette partie phantaftique du cerveau,
dont la nature nous eft auffi inconnue que fa maniere
d'agir, eft-elle naturellement petite, ou foible ?
elle aura à peine la force de comparer l'analogie,
ou la reffemblance de fes idées ; elle ne pourra voir
que ce qui fera vis-à-vis d'elle, ou ce qui l'affec-
tera le plus vivement ; & encore de quelle maniere !
Mais toujours eft-il vrai que l'imagination feule

apperçoit; que c'est elle qui se représente tous les
objets, avec les mots & les figures qui les carac-
térisent; & qu'ainsi c'est elle encore une fois qui
est l'ame, puisqu'elle en fait tous les rôles. Par
elle, par son pinceau flatteur, le froid squelette
de la raison prend des chairs vives & vermeilles;
par elle les sciences fleurissent, les arts s'embel-
lissent, les bois parlent, les échos soupirent, les
rochers pleurent, le marbre respire, tout prend
vie parmi les corps inanimés. C'est elle encore qui
ajoute à la tendresse d'un cœur amoureux, le piquant
attrait de la volupté; elle la fait germer dans le
cabinet du philosophe & du pédant poudreux; elle
forme enfin les savans, comme les orateurs & les
poëtes. Sottement decriée par les uns, vainement
distinguée par les autres, qui tous l'ont mal connue
elle ne marche pas seulement à la suite des graces
& des beaux arts, elle ne peint pas seulement la
nature, elle peut aussi la mesurer. Elle raisonne,
juge, pénetre, compare, approfondit. Pourroit-
elle si bien sentir les beautés des tableaux qui lui
sont tracés, sans en découvrir les rapports? Non,
comme elle ne peut se replier sur les plaisirs des
sens, sans en goûter toute la perfection ou la
volupté, elle ne peut réfléchir sur ce qu'elle a
mécaniquement conçu, sans être alors le jugement
même.

Plus on exerce l'imagination, ou le maigre génie,

plus il prend, pour ainſi-dire, d'embompoint ; plus il s'agrandit, devient nerveux, robuſte, vaſte & capable de penſ.r. La meilleure organiſation a beſoin de cet exercice.

L'organiſation eſt le premier mérite de l'homme, c'eſt en vain que tous les auteurs de morale ne mettent point au rang des qualités eſtimables, celles qu"on tient de la nature, mais ſeulement les talens qui s'acquierent à force de réflexions & d'induſtrie : car d'où nous vient, je vous prie, l'habileté, la ſcience & la vertu, ſi ce n'eſt d'une diſpoſition qui nous rend propres à devenir habiles, ſavans & vertueux ? Et d'où nous vient encore cette diſpoſition, ſi ce n'eſt de la nature ? Nous n'avons de qualités eſtimables que par elle ; nous lui devons tout ce que nous ſommes. Pourquoi donc n'eſtimerois-je pas autant ceux qui ont des qualités naturelles, que ceux qui brillent par des vertus acquiſes, & comme d'emprunt ? Quel que ſoit le mérite, de quelque endroit qu'il naiſſe, il eſt digne d'eſtime ; il ne s'agit que de ſavoir la meſurer. L'eſprit, la beauté, les richeſſes, la nobleſſe, quoique enfans du haſard, ont tous leur prix, comme l'adreſſe, le ſavoir, la vertu, &c. Ceux que la nature a comblés de ſes dons les plus précieux, doivent plaindre ceux à qui ils ont été refuſés ; mais ils peuvent ſentir leur ſupériorité ſans orgueil, & en connoiſſeurs. Une belle femme ſeroit

auſſi

auffi ridicule de fe trouver laide , qu'un homme d'efprit de fe croire un fot. Une modeftie outrée (défaut rare à la vérité) eft une forte d'ingratitude envers la nature. Une honnête fierté au contraire eft la marque d'une ame belle & grande, que décelent des traits mâles, moulés comme par le fentiment.

Si l'organifation eft un mérite, & le premier mérite, & la fource de tous les autres, l'inftruction eft le fecond. Le cerveau le mieux conftruit, fans elle, le feroit en pure perte; comme fans l'ufage du monde, l'homme le mieux fait ne feroit qu'un payfan groffier. Mais auffi quel feroit le fruit de la plus excellente école, fans une matrice parfaitement ouverte à l'entrée, ou à la conception des idées ? Il eft auffi impoffible de donner une feule idée à un homme privé de tous les fens, que de faire un enfant à une femme, à laquelle la nature auroit pouffé la diftraction jufqu'à oublier de faire une vulve, comme je l'ai vu dans une, qui n'avoit ni fente, ni vagin, ni matrice, & qui pour cette raifon fut démariée après dix ans de mariage.

Mais fi le cerveau eft à la fois bien organifé & bien inftruit, c'eft une terre feconde parfaitement enfemencée, qui produit le centuple de ce qu'elle a reçu : ou (pour quitter le ftile figuré fouvent néceffaire, pour mieux exprimer ce qu'on fent &

donner des graces à la vérité meme) l'imagination,
élevée par l'art à la belle & rare dignité de génie,
saisit exactement tous les rapports des idées qu'elle
a conçue, embrasse avec facilité une foule étonnante d'objets, pour en tirer enfin une longue
chaîne de conséquences, lesquelles ne font encore
que de nouveaux rapports, enfantés par la compa-
raison des premiers, auxquels l'ame trouve une
parfaite ressemblance. Telle est, selon moi, la
génération de l'esprit. Je dis *trouve*, comme j'ai
donné ci-devant l'épithete d'*apparente* à la simi-
litude des objets : non que je pense que nos sens
soient toujours trompeurs, comme l'a prétendu le
P. Mallebranche, où que nos yeux naturellement
un peu ivres ne voient pas les objets tels qu'ils
font en eux-mêmes, quoique les microscopes nous
le prouvent tous les jours ; mais pour n'avoir aucune
dispute avec les Pyrrhoniens, parmi lesquels Bayle
s'est distingué.

Je dis de la vérité en général ce que M. de
Fontenelle dit de certaines en particulier, qu'il
faut la sacrifier aux agrémens de la société. Il est
de la douceur de mon caractere, d'obvier à toute
dispute, lorsqu'il ne s'agit pas d'aiguiser la conversation. Les Cartésiens viendroient ici vaillement
à la charge avec leurs *idées innées* ; je ne me don-
nerois certainement pas le quart de la peine qu'a
prise Mr. Locke pour attaquer de telles chimeres.

Quelle utilité en effet de faire un gros livre, pour
prouver une doctrine qui étoit érigée en axiome,
il y a trois mille ans?

Suivant les principes que nous avons pofés, &
que nous croyons vrais, celui qui a le plus d'imagination, doit être regardé comme ayant le plus
d'efprit ou de génie, car tous ces mots font fyno-
nymes; & encore une fois c'eft par un abus honteux
qu'on croit dire des chofes différentes, lorfqu'on
ne dit que différens mots ou différens fons, auxquels on n'a attaché aucune idée ou diftinction
réelle.

La plus belle, la plus grande, ou la plus forte
imagination, eft donc la plus propre aux fciences,
comme aux arts. Je ne décide point s'il faut plus
d'efprit pour exceller dans l'art des Ariftotes, ou
des Defcartes, que dans celui des Euripides, ou
des Sophocles; & fi la nature s'eft mife en plus
grands frais, pour faire Newton, que pour former
Corneille, (ce dont je doute fort;) mais il eft
certain que c'eft la feule imagination diverfement
appliquée, qui a fait leur différent triomphe & leur
gloire immortelle.

Si quelqu'un paffe pour avoir peu de jugement,
avec beaucoup d'imagination; cela veut dire que
l'imagination trop abandonnée à elle-même, prefque toujours comme occupée à fe regarder dans le
miroir de fes fenfations, n'a pas affez contracté

l'habitude de les examiner elles-memes avec attention ; plus profondément pénétrée des traces, ou
des images, que de leur vérité ou de leur reſſem-
blance.

Il eſt vrai que telle eſt la vivacité des reſſorts
de l'imagination, que ſi l'attention, cette clef ou
mere des ſciences, ne s'en mêle, il ne lui eſt
gueres permis que de parcourir & d'effleurer les
objets.

Voyez cet oiſeau ſur la branche, il ſemble toujours prêt à s'envoler ; l'imagination eſt de même.
Toujours emportée par le tourbillon du ſang, &
des eſprits, une onde fait une trace, effacée par
celle qui ſuit ; l'ame court après, ſouvent en vain
il faut qu'elle s'attende à regretter ce qu'elle n'a pas
aſſez vite ſaiſi & fixé : & c'eſt ainſi que l'imagination, véritable image du temps, ſe détruit & ſe
renouvelle ſans-ceſſe.

Tel eſt le chaos & la ſucceſſion continuelle &
rapide de nos idées ; elles ſe chaſſent, comme un
flot pouſſe l'autre ; de ſorte que ſi l'imagination
n'employe, pour ainſi dire, une partie de ſes muſcles, pour être comme en équilibre ſur les cordes
du cerveau, pour ſe ſoutenir quelque temps ſur un
objet qui va fuir, & s'empêcher de tomber ſur un
autre, qu'il n'eſt pas encore temps de contempler ;
jamais elle ne ſera digne du beau nom de jugement.
Elle exprimera vivement ce qu'elle aura ſenti de

même; elle formera les orateurs, les muficiens, les peintres, les poëtes, & jamais un feul philofophe. Au contraire fi dès l'enfance on accoutume l'imagination à fe brider elle-même; à ne point fe laiffer emporter à fa propre impétuofité, qui ne fait que de brillans enthoufiaftes; à arrêter, contenir fes idées, à les retourner dans tous les fens, pour voir toutes les faces d'un objet: alors l'imagination prompte à juger, embraffera par le raifonnement la plus grande fphere d'objets, & fa vivacité, toujours de fi bon augure dans les enfans, & qu'il ne s'agit que de régler par l'étude & l'exercice, ne fera plus qu'une pénétration clairvoyante, fans laquelle on fait peu de progrès dans les fciences.

Tels font les fimples fondemens fur lefquels a été bâti l'édifice de la logique. La nature les avoit jettés pour tout le genre humain; mais les uns en ont profité, les autres en ont abufé.

Malgré toutes ces prérogatives de l'homme fur les animaux, c'eft lui faire honneur que de le ranger dans la même claffe. Il eft vrai que jufqu'à un certain âge, il eft plus animal qu'eux, parce qu'il apporte moins d'inftinct en naiffant.

Quel eft l'animal qui mourroit de faim au milieu d'une riviere de lait? L'homme feul. Semblable à ce vieux enfant dont un moderne parle d'après Arnobe; il ne connoît ni les alimens qui lui font propres, ni l'eau qui peut le noyer, ni le feu qui peut le réduire en poudre. Faites briller pour la première fois la lumière d'une bougie aux yeux d'un enfant, il y portera machinalement le doigt, comme pour favoir quel eft le nouveau phénoméne qu'il apperçoit ; c'eft a fes dépens qu'il en connoitra le danger, mais il n'y fera pas repris.

Mettez-le encore avec un animal fur le bord d'un précipice : lui feul y tombera ; il fe noye, où l'autre fe fauve à la nage. A quatorze ou quinze ans, il entrevoit à peine les grands plaifirs qui l'attendent dans la reproduction de fon efpece; déja adolefcent, il ne fait pas trop comment s'y prendre dans un jeu que la nature apprend fi vîte aux animaux : il fe cache, comme s'il étoit honteux d'avoir du plaifir & d'être fait pour être heureux, tandis que les animaux fe font gloire d'être *cyniques*. Sans éducation, ils font fans préjugés. Mais voyons encore ce chien & cet enfant qui ont tous deux perdu leur maître dans un grand chemin : l'enfant pleure, il ne fait à quel faint fe vouer ; le chien mieux fervi par fon odorat, que l'autre par fa raifon, l'aura bientôt trouvé.

La nature nous avoit donc faits pour être au-deffous des animaux, ou du moins pour faire par-là même mieux éclater les prodiges de l'éducation, qui feul nous tire du niveau & nous éleve enfin au-deffus d'eux. Mais accordera-t-on la même

diſtinction aux ſourds, aux aveugles-nés, aux im-
bécilles, aux fous, aux hommes ſauvages, ou qui
ont été élevés dans les bois avec les bêtes ; à
ceux dont l'affection hypocondriaque a perdu l'imagination, enfin à toutes ces bêtes à figure humaine,
qui ne montrent que l'inſtinct le plus groſſier ? Non,
tous ces hommes de corps, & non d'eſprit, ne
méritent pas une claſſe particuliere.

Nous n'avons pas deſſein de nous diſſimuler les
objections qu'on peut faire en faveur de la diſtinction primitive de l'homme & des animaux, contre
notre ſentiment. Il y a, dit-on, dans l'homme
une loi naturelle, une connoiſſance du bien &
du mal, qui n'a pas été gravée dans le cœur des
animaux.

Mais cette objection, ou plutôt cette aſſertion
eſt-elle fondée ſur l'expérience, ſans laquelle un
philoſophe peut tout rejetter ? En avons-nous quelqu'une qui nous convainque que l'homme ſeul a été
éclairé d'un rayon refuſé à tous les autres animaux ?
S'il n'y en a point, nous ne pouvons pas plus
connoître par elle ce qui ſe paſſe dans eux, &
même dans les hommes, que ne pas ſentir ce qui
affecte l'intérieur de notre être. Nous ſavons que
nous penſons & que nous avons des remords : un
ſentiment intime ne nous force que trop d'en convenir ; mais pour juger des remords d'autrui, ce
ſentiment qui eſt dans nous eſt inſuffiſant : c'eſt

pourquoi il en faut croire les autres hommes fur leur parole, ou fur les fignes fenfibles & extérieurs que nous avons remarqués en nous-mêmes, lorfque nous éprouvions la même confcience & les mêmes tourmens.

Mais pour décider fi les animaux qui ne parlent point, ont reçu la loi naturelle, il faut s'en rapporter conféquemment à ces fignes dont je viens de parler, fuppofé qu'ils exiftent. Les faits femblent le prouver. Le chien qui a mordu fon maître qui l'agaçoit, a paru s'en repentir le moment fuivant ; on l'a vu trifte, fâché, n'ofant fe montrer, & s'avouer coupable par un air rampant & humilié. L'hiftoire nous offre un exemple célebre d'un lion qui ne voulut pas déchirer un homme abandonné à fa fureur, parce qu'il le reconnut pour fon bienfaiteur. Qu'il feroit à fouhaiter que l'homme même montrât toujours la même reconnoiffance pour les bienfaits & le même refpect pour l'humanité! On n'auroit plus à craindre les ingrats, ni ces guerres qui font le fléau du genre humain & les vrais bourreaux de la loi naturelle.

Mais un être à qui la nature a donné un inftinct fi précoce, fi éclairé, qui juge, combine, raifonne & délibere, autant que s'étend & lui permet la fphere de fon activité ; un être qui s'attache par les bienfaits, qui s'attache par les mauvais traitemens & va effayer un meilleur maître ; un être d'une ſtructure ſemblable à la nôtre, qui fait les mêmes opérations, qui a les mêmes paſſions, les mêmes douleurs, les mêmes plaiſirs, plus ou ou moins vifs, ſuivant l'empire de l'imagination & la délicateſſe des nerfs ; un tel être enfin ne montre-t-il pas clairement qu'il ſent ſes torts & les nôtres ; qu'il connoît le bien & le mal, & en un mot a conſcience de ce qu'il fait? Son ame qui marque, comme la nôtre, les mêmes joies, les mêmes mortifications, les mêmes déconcertemens, feroit-elle ſans aucune répugnance, à la vue de ſon ſemblable déchiré, ou après l'avoir lui-même impitoyablement mis en pieces ? Cela poſé, le don précieux dont il s'agit, n'auroit point été refuſé aux animaux; car puiſqu'ils nous offrent des ſignes évidens de leur repentir, comme de leur intelli-gence, qu'y a-t-il d'abſurde à penſer que des êtres, des machines preſque auſſi parfaites que nous, ſoient comme nous faites pour penſer, & pour ſentir la nature ?

Qu'on ne m'objecte point que les animaux ſont pour la plupart des êtres féroces, qui ne ſont pas capables de ſentir les maux qu'ils font; car tous les hommes diſtinguent-ils mieux les vices & les vertus ? Il eſt dans notre eſpece de la férocité, comme dans la leur. Les hommes qui ſont dans la barbare habitude d'enfreindre la loi naturelle, n'en ſont pas ſi tourmentés, que ceux qui la tranſ-

greffent pour la premiere fois, & que la force de
l'exemple n'a point endurcis. Il en eſt de même
des animaux, comme des hommes; les uns & les
autres peuvent être plus ou moins féroces par
tempérament, & ils le deviennent encore plus avec
ceux qui le ſont. Mais un animal doux, pacifique,
qui vit avec d'autres animaux ſemblables, & d'alimens doux, ſera eonemi du ſang & du carnage;
il rougira intérieurement de l'avoir verſé, avec
cette différence peut-être, que comme chez eux
tout eſt immolé aux beſoins, aux plaiſirs, & aux
commodités de la vie, dont ils jouiſſent plus que
nous, leurs remords ne ſemblent pas devoir être
ſi vifs que les nôtres, parce que nous ne ſommes
pas dans la même néceſſité qu'eux. La coutume
émouſſe & peut-être étouffe les remords, comme
les plaiſirs.

Mais je veux ſuppoſer pour un moment que je
me trompe; & qu'il n'eſt pas juſte que preſque
tout l'univers ait tort à ce ſujet, tandis que j'aurois
ſeul raiſon; j'accorde que les animaux, même les
plus excellens, ne connoiſſent pas la diſtinction du
bien & du mal moral, qu'ils n'ont aucune mémoire
des attentions qu'on a eues pour eux; du bien qu'on
leur a fait, aucun ſentiment de leurs propres vertus; que ce lion, par exemple, dont j'ai parlé
après tant d'autres, ne ſe ſouvienne pas de n'avoir
pas voulu ravir la vie à cet homme qui fut livré

à fa furie, dans un fpectacle plus inhumain que
tons les lions, les tigres & les ours; tandis que nos
compatriotes fe battent, fuiffes contre fuiffes, freres contre freres, fe reconnoiffent, s'enchaînent,
ou fe tuent fans remords, parce qu'un prince paye
leurs meurtres: je fuppofe enfin que la loi naturelle n'ait pas été donnée aux animaux, quelles en
feront les confequences? L'homme n'eft pas pétri
d'un limon plus précieux; la nature n'a employé
qu'une feule & même pâte, dont elle a feulement
varié les levains. Si donc l'animal ne fe repent pas
d'avoir violé le fentiment intérieur dont je parle,
ou plutôt s'il en eft abfolument privé, il faut néceffairement que l'homme foit dans le même cas:
moyennant quoi adieu la loi naturelle & tous ces
beaux traités qu'on a publiés fur elle? Tout le regne
animal en feroit généralement dépourvu. Mais réciproquement fi l'homme ne peut fe difpenfer de
convenir qu'il diftingue toujours, lorfque la fanté
le laiffe jouir de lui-même, ceux qui ont de la probité, de l'humanité, de la vertu, de ceux qui ne
font ni humains, ni vertueux, ni honnêtes gens;
qu'il eft facile de diftinguer ce qui eft vice ou
vertu, par l'unique plaifir ou la propre répugnance
qui en font comme les effets naturels, il s'enfuit que les animaux formés de la même matiere,
à laquelle il n'a peut-être manqué qu'un degré de
fermentation, pour égaler les hommes en tout, doi-

vent participer aux mêmes prérogatives de l'animalité, & qu'ainsi il n'est point d'ame ou de substance sensitive sans remords. La réflexion suivante va fortifier celles-ci.

On ne peut détruire la loi naturelle. L'empreinte en est si forte dans tous les animaux, que je ne doute nullement que les plus sauvages & les plus féroces n'ayent quelques momens de repentir. Je crois que la fille sauvage de Châlons en Champagne aura porté la peine de son crime, s'il est vrai qu'elle ait mangé sa sœur. Je pense la même chose de tous ceux qui commettent des crimes, même involontaires, ou de tempérament : de Gaston d'Orléans qui ne pouvoit s'empêcher de voler ; de certaine femme qui fut sujette au même vice dans la grossesse, & dont ses enfans hériterent : de celle qui dans le même état, mangea son mari : de cette autre qui égorgeoit les enfans, saloit leurs corps, & en mangeoit tous les jours comme du petit salé : de cette fille de voleur antropophage, qui la devint à douze ans, quoiqu'ayant perdu pere & mere à l'âge d'un an, elle eût été élevée par d'honnêtes gens, pour ne rien dire de tant d'autres exemples dont nos observateurs sont remplis ; & qui prouvent tous qu'il est mille vices & vertus héréditaires, qui passent des parens aux enfans, comme ceux de la nourrice à ceux qu'elle allaite. Je dis donc &

j'accorde que ces malheureux ne fentent pas pour
la plupart fur-le-champ l'énormité de leur action.
La *Boulymie*, par exemple, ou la faim canine
peut éteindre tout fentiment ; c'eft une manie d'eftomac qu'on eft forcé de fatisfaire. Mais revenues
à elles-mêmes, & comme défenivrées, quels remords pour ces femmes qui fe rappellent le meur-
tre qu'elles ont commis dans ce qu'elles avoient de
plus cher ! quelle punition d'un mal involontaire,
auquel elles n'ont pu réfifter, dont elles n'ont eu
aucune confcience ! cependant ce n'eft point affez
apparemment pour les juges. Parmi les femmes
dont je parle, l'une fut rouée & brûlée, l'autre en-
terrée vive. Je fens tout ce que demande l'intérêt
de la fociété. Mais il feroit fans doute à fouhaiter
qu'il n'y eût pour juges que d'excellens médecins.
Eux feuls pourroient diftinguer le criminel innocent, du coupable. Si la raifon eft efclave d'un
fens, dépravé, ou en fureur, comment peut-elle le
gouverner ?

Mais fi le crime porte avec foi fa propre punition plus ou moins cruelle ; fi la plus longue & la
plus barbare habitude ne peut tout-à-fait arracher
le repentir des cœurs les plus inhumains : s'ils font
déchirés par la mémoire même de leurs actions,
pourquoi effrayer l'imagination des efprits foibles
par un enfer, par des fpectres & des précipices de

feu, moins réels encore que ceux de Pascal (1)?
Qu'est-il besoin de recourir à des fables, comme
un pape de bonne foi l'a dit lui-même, pour tourmenter les malheureux même qu'on fait périr,
parce qu'on ne les trouve pas assez punis par leur
propre conscience, qui est leur premier bourreau?
Ce n'est pas que je veuille dire que tous les criminels soient injustement punis; je prétends seulement que ceux dont la volonté est dépravée, & la
conscience éteinte, le font assez par leurs remords,
quand ils reviennent à eux-mêmes; remords, j'ose
encore le dire, dont la nature auroit dû en ce cas,
ce me semble, délivrer des malheureux entraînés
par une fatale nécessité.

---

(1) *Dans un cercle, ou à table, il lui falloit toujours un rempart de chaises, ou quelqu'un dans son
voisinage du côté gauche, pour l'empêcher de voir les
abîmes épouvantables dans lesquels il craignoit quelquefois de tomber, quelque connoissance qu'il eût de
ces illusions. Quel effrayant effet de l'imagination,
ou d'une circulation dans un Lobe du cerveau ! Grand
homme d'un côté, il étoit à moitié fou de l'autre.
La folie & la sagesse avoient chacun leur départe-
ment ou leur Lobe séparé par la faux. De quel côté
tenoit-il si fort attaché à Mrs. de Port-Royal ! J'ai
lu ce fait dans un extrait du traité du vertige de Mr.
de la Mettrie.*

Les criminels, les méchans, les ingrats, ceux enfin qui ne sentent pas la nature, tyrans malheureux & indignes du jour, ont beau se faire un cruel plaisir de leur barbarie, il est des momens calmes & de réflexion, où la conscience vengeresse s'éleve, dépose contr'eux, & les condamne à être presque sans cesse déchirés de ses propres mains. Qui tourmente les hommes, est tourmenté par lui-même ; & les maux qu'il sentira, seront la juste mesure de ceux qu'il aura faits.

D'un autre côté, il y a tant de plaisir à faire du bien, à sentir, à reconnoître celui qu'on reçoit, tant de contentement à pratiquer la vertu, à être doux, humain, tendre, charitable, compatissant & généreux (ce seul mot renferme toutes les vertus), que je tiens pour assez puni quiconque a le malheur de n'être pas né vertueux.

Nous n'avons pas originairement été faits pour être savans ; c'est peut-être par une espece d'abus de nos facultés organiques, que nous le sommes devenus ; & cela à la charge de l'état, qui nourrit une multitude de fainéans, que la vanité a décorés du nom de *philosophes*. La nature nous a tous créés uniquement pour être heureux ; oui, tous, depuis le ver qui rampe, jusqu'à l'aigle qui se perd dans la nue. C'est pourquoi elle a donné à tous les animaux quelque portion de la loi naturelle, portion plus ou moins exquise, selon que le comportent les organes bien conditionnés de chaque animal.

A préfent comment définirons-nous la loi naturelle ? C'eft un fentiment qui nous apprend ce que nous ne devons pas faire, parce que nous ne voudrions pas qu'on nous le fît. Oferois-je ajouter à cette idée commune, qu'il me femble que ce fentiment n'eft qu'une efpece de crainte ou de frayeur, auffi falutaire à l'efpece qu'à l'individu ; car peut-être ne refpectons-nous la bourfe & la vie des autres, que pour nous conferver nos biens, notre honneur & nous-mémes ; femblables à ces *ixions du chriftianifme* qui n'aiment dieu & n'embraffent tant de chimériques vertus, que parce qu'ils craignent l'enfer.

Vous voyez que la loi naturelle n'eft qu'un fentiment intime, qui appartient encore à l'imagination, comme tous les autres, parmi lefquels on compte la penfée. Par conféquent elle ne fuppofe évidemment ni éducation, ni révélation, ni légiflateur, à moins qu'on ne veuille la confondre avec les lois civiles, à la maniere ridicule des théologiens.

Les armes du fanatifme peuvent détruire ceux qui foutiennent ces vérités ; mais elles ne détruiront jamais ces vérités mêmes.

Ce n'eft pas que je révoque en doute l'exiftence d'un étre fuprême ; il me femble au contraire que

le

le plus grand degré de probabilité est pour elle : mais comme cette existence ne prouve pas plus la nécessité d'un culte, que toute autre, c'est une vérité théorique qui n'est gueres d'usage dans la pratique : de sorte que, comme on peut dire d'après tant d'expériences, que la religion ne suppose pas l'exacte probité, les mêmes raisons autorisent à penser que l'athéisme ne l'exclut pas.

Qui sait d'ailleurs si la raison de l'existence de l'homme ne seroit pas dans son existence même ? peut-être a-t-il été jetté au hazard sur un point de la surface de la terre, sans qu'on puisse savoir ni comment, ni pourquoi ; mais seulement qu'il doit vivre & mourir ; semblable à ces champignons qui paroissent d'un jour à l'autre, ou à ces fleurs qui bordent les fossés & couvrent les murailles.

Ne nous perdons point dans l'infini, nous ne sommes pas faits pour en avoir la moindre idée ; il nous est absolument impossible de remonter à l'origine des choses. Il est égal d'ailleurs pour notre repos, que la matiere soit éternelle, ou qu'elle ait été créée ; qu'il y ait un dieu, ou qu'il n'y en ait pas. Quelle folie de tant se tourmenter pour ce qu'il est impossible de connoître, & ce qui ne nous rendroit pas plus heureux, quand nous en viendrions à bout !

Mais, dit-on, lisez tous les ouvrages des Fénelons, des Nieuwentits, des Abadies, des Derhams, des Raïs &c. eh bien! que m'apprendront-ils? ou plutôt que m'ont-ils appris? ce ne font que d'ennuyeufes répétitions d'écrivains zélés, dont l'un n'ajoute à l'autre qu'un verbiage, plus propre à fortifier qu'à faper les fondemens de l'athéifme. Le volume des preuves qu'on tire du fpectacle de la nature, ne leur donne pas plus de force. La ftructure feule d'un doigt, d'une oreille, d'un œil, *une obfervation de Malpighi*, prouve tout, & fans doute beaucoup mieux que *Defcartes & Mallebranche*; ou tout le refte ne prouve rien. Les déiftes & les chrétiens même devroient donc fe contenter de faire obferver que dans tout le regne animal, les mêmes vues font exécutées par une infinité de divers moyens, tous cependant exactement géométriques. Car de quelles plus fortes armes pourroit-on terraffer les athées? Il eft vrai que fi ma raifon ne me trompe pas, l'homme & tout l'univers femblent avoir été deftinés à cette unité de vues. Le foleil, l'air, l'eau, l'organifation, la forme des corps, tout eft arrangé dans l'œil, comme dans un miroir qui préfente fidelement à l'imagination les objets qui y font peints, fuivant les loix qu'exige cette infinie variété de corps qui fervent à la vifion. Dans l'oreille, nous trouvons par-tout une diverfité frappante, fans que cette diverfité frappante, fans que diverfe fabrique de l'homme, des animaux, des oifeaux, des poiffons, produife

differens usages. Toutes les oreilles sont si mathé-
matiquement faites, qu'elles tendent également au
seul & même but, qui est d'entendre. Le hazard,
demande le deiste, seroit-il donc assez grand géometre pour varier ainsi à son gre les ouvrages dont
on le suppose auteur, sans que tant de diversité put
l'empêcher d'atteindre la même fin. Il objecte encore ces parties évidemment contenues dans l'animal pour de futurs usages; le papillon dans la
chenille; l'homme dans le ver spermatique, un
polype entier dans chacune de ses parties, la val-
vule du trou ovale, le poumon dans le fœtus, les
dents dans leurs alvéoles, les os dans les fluides,
qui s'en détachent & se durcissent d'une maniere
incompréhensible. Et comme les partisans de ce
systême, loin de rien négliger pour le faire valoir,
ne se lassent jamais d'accumuler preuves sur preuves, ils veulent profiter de tout, & de la foiblesse
même de l'esprit en certains cas. Voyez, disent-
ils, les Spinosa, les Vanini, les Desbarreaux, les
Boindins, apôtres qui font plus d'honneur que de
tort au déisme! la durée de la santé de ces derniers a été la mesure de leur incredulité: & il est
rare en effet, ajoutent-ils, qu'on n'abjure pas
l'athéisme, dès que les passions se font affoiblies
avec le corps qui en est l'instrument.

Voilà certainement tout ce qu'on peut dire de
plus favorable à l'existence d'un dieu, quoique le

dernier argument foit frivole, en ce que ces con-
verfions font courtes, l'efprit reprenant prefque
toujours fes anciennes opinions, & fe conduifant
en conféquence, dès qu'il a recouvert ou plutôt re-
trouvé fes forces dans celles du corps. En voilà du
moins beaucoup plus que n'en dit le médecin *Di-
derot* dans fes *Penfées philofophiques*, fublime
ouvrage qui ne convaincra pas un athée. Que répondre en effet à un homme qui dit ? « Nous ne con-
» noiffons point la nature : des caufes cachées dans
» fon fein pourroient avoir tout produit. Voyez à
» vôtre tour le polype de Trembley ! ne contient-
» il pas en foi les caufes qui donnent lieu à fa
» régénération ? quelle abfurdité y auroit-il donc
» à penfer qu'il eft des caufes phyfiques pour lef-
» quelles tout a été fait, & auxquelles toute la
» chaîne de ce vafte univers eft fi néceffairement
» liée & affujettie, que rien de ce qui arrive, ne
» pouvoit pas ne pas arriver ; des caufes dont l'ig-
» norance abfolument invincible nous a fait recou-
» rir à un dieu, qui n'eft pas même un *être de*
» *raifon*, fuivant certain ? Ainfi détruire le hazard,
» ce n'eft pas prouver l'exiftence d'un être fu-
» prème, puifqu'il peut y avoir autre chofe qui ne
» feroit ni hazard, ni dieu, je veux dire la na-
» ture, dont l'étude par conféquent ne peut faire
» que des incrédules ; comme le prouve la façon
» de penfer de tous fes plus heureux fcrutateurs. »

Le poids de l'univers n'ébranle donc pas un véritable athée, loin de *l'écraſer*; & tous ces indices
mille & mille fois rabattus d'un créateur, indices
qu'on met fort au-deſſus de la façon de penſer dans
nos ſemblables, ne ſont évidens, quelque loin
qu'on pouſſe cet argument; que pour les antipyrrhoniens, ou pour ceux qui ont aſſez de confiance
dans leur raiſon pour croire pouvoir juger ſur
certaines apparences, auxquelles, comme vous
voyez, les athées peuvent en oppoſer d'autres
peut-être auſſi fortes & abſolument contraires;
car ſi nous écoutons encore les naturaliſtes, ils
nous diront que les mêmes cauſes qui dans les mains
d'un chymiſte, & par le haſard de divers mélanges,
ont fait le premier miroir, dans celle de la nature
ont fait l'eau pure, qui en ſert à la ſimple bergere;
que le mouvement qui conſerve le monde, a pû le
créer; que chaque corps a pris la place que la nature lui a aſſignée; que l'air a dû entourer la terre,
par la même raiſon que le fer & les autres métaux
ſont l'ouvrage de ſes entrailles; que le ſoleil eſt
une production auſſi naturelle que celle de l'électricité; qu'il n'a pas plus été fait pour échauffer la
terre & tous ſes habitans, qu'il brûle quelquefois,
que la pluie pour faire pouſſer les grains, qu'elle
gâte ſouvent; que le miroir & l'eau n'ont pas plus
été faits pour qu'on pût s'y regarder, que tous les
corps polis qui ont la même propriété: que l'œil

eſt à la vérité une eſpece de trumeau dans lequel
l'ame peut contempler l'image des objets, tels qu'ils
lui ſont repréſentés par ces corps; mais qu'il n'eſt
pas démontré que cet organe ait été réellement fait
exprès pour cette contemplation, ni exprès placé
dans l'orbite : qu'enfin il ſe pourroit bien faire que
Lucrece, le médecin Lamy & tous les Epicuriens
anciens & modernes, euſſent raiſon, lorſqu'ils
avancent que l'œil ne voit que parce qu'il ſe trouve
organiſé, & placé comme il l'eſt, que poſées une
fois les mêmes regles de mouvement que ſuit la nature dans la génération & le développement des
corps, il n'étoit pas poſſible que ce merveilleux
organe fût organiſé & placé autrement.

Tel eſt le pour & le contre, & l'abrégé des
grandes raiſons qui partageront éternellement les
philoſophes. Je ne prends aucun parti.

Non noſtrum inter vos tantas componere lites.

C'eſt ce que je diſois à un François de mes amis,
auſſi franc Pyrrhonien que moi, homme de beaucoup de mérite, & digne d'un meilleur ſort. Il
me fit a ce ſujet une réponſe fort ſinguliere. Il eſt
vrai, me dit-il, que le pour & le contre ne doit
point inquiéter l'ame d'un philoſophe, qui voit que
rien n'eſt démontré avec aſſez de clarté pour forcer
ſon conſentement, & même que les idées indica-

tives qui s'offrent d'un côté, font auffi-tôt détruites
par celles qui fe montrent de l'autre. Cependant,
reprit-il, l'univers ne fera jamais heureux, à moins
qu'il ne foit athée. Voici quelles étoient les raifons
de cet *abominable* homme. Si l'atheifme, difoit-
il, étoit généralement répandu, toutes les branches
de la religion feroient alors détruites & coupées
par la racine. Plus de guerres théologiques, plus
de foldats de religion, foldats terribles! la nature,
infectée d'un poifon facré, reprendroit fes droits
& fa pureté. Sourds à toute autre voix, les mortels
tranquilles ne fuivroient que les confeils fpontanés
de leur propre individu, les feuls qu'on ne méprife
point impunément, & qui peuvent feuls nous conduire au bonheur par les agréables fentiers de la
vertu.

Telle eft la loi naturelle : quiconque en eft rigide
obfervateur, eft honnête homme, & mérite la confiance de tout le genre humain. Quiconque ne la
fuit pas fcrupuleufement, a beau affecter les fpécieux
dehors d'une autre religion, eft un fourbe ou un
hypocrite dont je me défie.

Après cela, qu'un vain peuple penfe différemment; qu'il ofe affirmer qu'il y va de la probité
même à ne pas croire la révélation ; qu'il faut en
un mot une autre religion que celle de la nature,
quelle qu'elle foit! quelle mifere! quelle pitié! & la
bonne opinion que chacun nous donne de celle

qu'il a embraſſée ! Nous ne briguons point ici le ſuffrage du vulgaire. Qui dreſſe dans ſon cœur des autels à la ſuperſtition, eſt né pour adorer des idoles, & non pour ſentir la vertu.

Mais puiſque toutes les facultés de l'ame dépen-dent tellement de la propre organiſation du cerveau & de tout le corps, qu'elles ne ſont viſible-ment que cette organiſation même ; voilà une machine bien éclairée ! car enfin quand l'homme ſeul auroit reçu en partage la loi naturelle, en ſeroit-il moins une machine ? Des roues, quelques reſſorts de plus que dans les animaux les plus par-faits, le cerveau proportionnellement plus proche du cœur, & recevant auſſi plus de ſang, la même raiſon donnée ; que ſais-je enfin ? des cauſes incon-nues produiroient toujours cette conſcience déli-cate, ſi facile à bleſſer, ces remords qui ne ſont pas plus étrangers à la matiere que la penſée, & en un mot toute la differehce qu'on ſuppoſe ici. L'organiſation ſuffiroit-elle donc à tout ? Oui, en-core une fois ; puiſque la penſée ſe développe viſi-blement avec les organes, pourquoi la matiere dont ils ſont faits ne ſeroit-elle pas auſſi ſuſceptible de remords, quand une fois elle a acquis, avec le temps, la faculté de ſentir.

L'ame n'eſt donc qu'un vain terme dont on n'a point d'idée, & dont un bon eſprit ne doit ſe ſervir que pour nommer la partie qui penſe en nous.

Poſez le moindre principe de mouvement, les corps animés auront tout ce qu'il leur faut pour ſe mouvoir, ſentir, penſer, ſe repentir, & ſe conduire en un mot dans le phyſique & dans le moral qui en dépend.

Nous ne ſuppoſons rien; ceux qui croiroient que toutes les difficultés ne ſeroient pas encore levées, vont trouver des expériences qui acheveront de les ſatisfaire.

1. Toutes les chairs des animaux palpitent, après la mort, d'autant plus long-temps, que l'animal eſt plus froid & tranſpire moins. Les tortues, les lézards, les ſerpens, &c. en font foi.

2. Les muſcles ſéparés du corps ſe retirent lorſqu'on les pique.

3. Les entrailles conſervent long-temps leur mouvement périſtaltique ou verniculaire.

4. Une ſimple injection d'eau chaude ranime le cœur & les muſcles, ſuivant Cowper.

5. Le cœur de la grenouille, ſur-tout expoſé au ſoleil, encore mieux ſur une table ou une aſſiette chaude, ſe remue pendant une heure & plus, après avoir été arraché du corps. Le moument ſemble-t-il perdu ſans reſſource ? il n'y a qu'à piquer le cœur, & ce muſcle creux bat encore. Harvey a fait la même obſervation ſur les crapauds.

6. Bacon de Verulam, dans ſon Traité *Syl-*

varum, parle d'un homme convaincu de trahi-
son, qu'on ouvrit vivant, & dont le cœur, jeté
dans l'eau chaude, fauta à plufieurs reprifes, toujours moins haut, à la diftance perpendiculaire de
deux pieds.

7. Prenez un petit poulet encore dans l'œuf ;
arrachez-lui le cœur ; vous obferverez les mêmes
phénomenes, avec à-peu-près les mêmes circonftances. La feule chaleur de l'haleine ranime un
animal prêt à périr dans la machine pneuma-
tique.

Les mêmes expériences que nous devons à Boyle
& à Stenon, fe font dans les pigeons, dans les
chiens, dans les lapins, dont les morceaux de
cœur fe remuent comme les cœurs entiers. On
voit le même mouvement dans les pattes de taupe
arrachées.

8. La chenille, les vers, l'araignée, la mou-
che, l'anguille, offrent les mêmes chofes à confidérer ; & le mouvement des parties coupées augmente dans l'eau chaude, à caufe du feu qu'elle
contient.

9. Un foldat ivre emporta d'un coup de fabre la
tête d'un coq d'Inde. Cet animal refta debout ; enfuite il marcha, courut ; venant à rencontrer une
muraille, il fe tourna, battit des ailes, en continuant de courir, & tomba enfin. Etendu par terre,
tous les mufcles de ce coq fe remuoient encore.

Voilà ce que j'ai vu, & il est facile de voir à peu-près ces phénomenes dans les petits chats ou chiens dont on a coupé la tête.

10. Les polypes font plus que de se mouvoir, après la section ; ils se reproduisent dans huit jours en autant d'animaux qu'il y a de parties coupées. J'en suis fâché pour le systême des naturalistes sur la génération, ou plutôt j'en suis bien aise; car que cette découverte nous apprend bien à ne jamais rien conclure de général, même de toutes les expériences connues & les plus décisives!

Voilà beaucoup plus de faits qu'il n'en faut pour prouver d'une maniere incontestable que chaque petite fibre ou partie des corps organisés, se meut par un principe qui lui est propre, & dont l'action ne dépend point des nerfs, comme les mouvemens volontaires, puisque les mouvemens en question s'exercent sans que les parties qui les manifestent aient aucun commerce avec la circulation. Or, si cette force se fait remarquer jusques dans des morceaux de fibres, le cœur, qui est un composé de fibres singulierement entrelacées, doit avoir la même propriété. L'histoire de Bacon n'étoit pas nécessaire pour me le persuader. Il m'étoit facile d'en juger, & par la parfaite analogie de la structure du cœur de l'homme & des animaux, & par la masse même du premier, dans laquelle ce mouvement ne se cache aux yeux que parce qu'il y est étouffé, &

enfin parce que tout eſt froid & affaiſſé dans les cadavres. Si les diſſections ſe faiſoient ſur des criminels ſuppliciés, dont les corps ſont encore chauds, on verroit dans leur cœur les mêmes mouvemens qu'on obſerve dans les muſcles du viſage des gens décapités.

Tel eſt ce principe moteur des corps entiers, ou des parties coupées en morceaux, qu'il produit des mouvemens non déréglés, comme on l'a cru, mais très-réguliers, & cela, tant dans les animaux chauds & parfaits, que dans ceux qui ſont froids & imparfaits. Il ne reſte donc aucune reſſource à nos adverſaires, ſi ce n'eſt de nier mille & mille faits que chacun peut facilement vérifier.

Si on me demande à préſent quel eſt le ſiége de cette force innée dans nos corps, je réponds qu'elle réſide très-clairement dans ce que les anciens ont appellé *parenchyme*, c'eſt-à-dire dans la ſubſtance propre des parties, abſtraction faite des veines, des arteres, des nerfs; en un mot, de l'organiſation de tout le corps; & que par conſéquent chaque partie contient en ſoi des reſſorts plus ou moins vifs, ſelon le beſoin qu'elles en avoient.

Entrons dans quelque détail de ces reſſorts de la machine humaine. Tous les mouvemens vitaux, animaux, naturels & automatiques, ſe font par leur action. N'eſt-ce pas machinalement que le corps ſe retire, frappé de terreur à l'aſpect d'un précipice

inattendu ? que les paupieres se baissent à la menace
d'un coup, comme on l'a dit ? que la pupille s'étré-
cit au grand jour pour conserver la rétine, &
s'élargit pour voir les objets dans l'obscurité, n'est-
ce pas machinalement que les pores de la peau se
ferment en hiver, pour que le froid ne pénetre pas
l'intérieur des vaisseaux ? que l'estomac se souleve,
irrité par le poison, par une certaine quantité d'o-
pium, par tous les émériques, &c. ? que le cœur,
les arteres, les muscles se contractent pendant le
sommeil, comme pendant la veille ? que le poumon
fait l'office d'un soufflet continuellement exercé ?
n'est-ce pas machinalement qu'agissent tous les
sphincters de la vessie, du *rectum*, &c. ? que le
cœur a une contraction plus forte que tout autre
muscle ? que les muscles érecteurs font dresser la
verge dans l'homme, comme dans les animaux qui
s'en battent le ventre, & même dans l'enfant, capable d'érection, pour peu que cette partie soit
irritée ? Ce qui prouve, pour le dire en passant,
qu'il est un ressort singulier dans ce membre, encore peu connu, & qui produit des effets qu'on n'a
point encore bien expliqués, malgré toutes les
lumieres de l'anatomie.

Je ne m'étendrai pas davantage sur tous ces petits ressorts subalternes connus de tout le monde.
Mais il en est un autre plus subtil & plus vermeil-
leux, qui les anime tous ; il est la source de tous nos

fentimens, de tous nos plaifirs, de toutes nos paffions, de toutes nos penfées : car le cerveau a fes
mufcles, comme les jambes pour marcher. Je veux
parler de ce principe incitant & impétueux, qu'Hippocrate appelle ενορμων (l'ame). Ce principe
exifte, & il a fon fiége dans le cerveau, à l'origine
des nerfs, par lefquels il exerce fon empire fur tout
le refte du corps. Par-là s'explique tout ce qui peut
s'expliquer, jufqu'aux effets furprenans des maladies
de l'imagination.

Mais pour ne pas languir dans une richeffe & une
fécondité mal entendue, il faut fe borner à un petit
nombre de queftions & de réflexions.

Pourquoi la vue, ou la fimple idée d'une belle
femme, nous caufe-t-elle des mouvemens & des
defirs finguliers ? Ce qui fe paffe alors dans certains
organes, vient-il de la nature même de ces organes ? Point du tout : mais du commerce & de l'efpece de fympathie de ces mufcles avec l'imagination. Il n'y a ici qu'un premier reffort excité par
le *bene placitum* des anciens, ou par l'image de la
beauté, qui en excite un autre, lequel étoit fort
affoupi quand l'imagination l'a éveillé : & comment
cela, fi ce n'eft dans le défordre & le tumulte du
fang & des efprits, qui galopent avec une prompti-
tude extraordinaire, & vont gonfler le corps ca-
verneux ?

Puisqu'il est des communications évidentes entre la mere & l'enfant (1), & qu'il est dur de nier des faits rapportés par Tulpius & par d'autres écrivains aussi dignes de foi (il n'y en a point qui le soient plus), nous croirons que c'est par la même voie que le fœtus ressent l'impétuosité de l'imagination maternelle, comme une cire molle reçoit toutes fortes d'impressions ; & que les mêmes traces ou envies de la mere peuvent s'imprimer fur le fœtus, fans que cela puisse se comprendre, quoiqu'en disent Blondel & tous ses adhérens. Ainsi nous faisons réparation d'honneur au P. Mallebranche, beaucoup trop raillé de fa crédulité par des auteurs qui n'ont point observé d'affez près la nature, & ont voulu l'assujettir à leurs idées.

Voyez le portrait de ce fameux Pope, au moins le Voltaire des Anglois. Les efforts, les nerfs de fon génie font peints fur fa physionomie ; elle est toute en convulsion ; ses yeux fortent de l'orbite, ses fourcils s'élevent avec les muscles du front. Pourquoi ? c'est que l'origine des nerfs est en travail & que tout le corps doit se ressentir d'une espece d'accouchement aussi laborieux. S'il n'y avoit une corde interne qui tirât ainsi celles du dehors, d'où viendroient tous ces phénomenes ? Admettre une *ame*

____

(1) *Au moins par les vaisseaux. Est-il sûr qu'il n'y en a point par les nerfs ?*

pour les expliquer, c'eſt être réduit à *l'opération du Saint-Eſprit.*

En effet, ſi ce qui penſe en mon cerveau n'eſt pas une partie de ce viſcere, & conſequemment de tout le corps, pourquoi, lorſque, tranquille dans mon lit, je forme le plan d'un ouvrage, ou que je pourſuis un raiſonnement abſtrait, pourquoi mon ſang s'échauffe-t-il ? pourquoi la fievre de mon eſprit paſſe-t-elle dans mes veines ? Demandez-le aux hommes d'imagination, aux grands poëtes, à ceux qu'un ſentiment bien rendu ravit ; qu'un goût exquis, que les charmes de la nature, de la vérité ou de la vertu tranſportent ! Par leur enthouſiaſme, par ce qu'ils vous diront avoir éprouvé, vous jugerez de la cauſe par les effets : par cette *harmonie* que Borelli, qu'un ſeul anatomiſte a mieux connue que tous les Leibnitiens, vous connoitrez l'unité matérielle de l'homme. Car enfin, ſi la tenſion des nerfs, qui fait la douleur, cauſe la fievre, par laquelle l'eſprit eſt troublé, & n'a plus de volonté, & que réciproquement l'eſprit trop exercé trouble le corps & allume ce feu de conſomption qui a enlevé Bayle dane un âge ſi peu avancé ; ſi telle titillation me fait vouloir, me force de deſirer ardemment ce dont je ne me ſouciois nullement le moment d'auparavant ; ſi à leur tour certaines traces du cerveau excitent le même prurit & les mêmes deſirs, pourquoi faire double, qui n'eſt

évidemment

évidemment qu'un ? C'eſt en vain qu'on ſe récrie
ſur l'empire de la volonté. Pour un ordre qu'elle
donne, elle ſubit cent fois le joug. Et quelle mer-
veille que le corps obéiſſe dans l'état ſain, puiſqu'un torrent de ſang & d'eſprits vient l'y forcer;
la volonté ayant pour miniſtres une légion invi-
ſible de fluides plus vifs que l'éclair, & toujours
prêts à la ſervir ! Mais comme c'eſt par les nerfs
que ſon pouvoir s'exerce, c'eſt auſſi par eux qu'il
eſt arrêté. La meilleure volonté d'un amant épuiſé,
les plus violens deſirs lui rendront-ils ſa vigueur
perdue ? Hélas ! non ; & elle en ſera la premiere
punie, parce que, poſées certaines circonſtances,
il n'eſt pas dans ſa puiſſance de ne pas vouloir du
plaiſir. Ce que j'ai dit de la paralyſie, &c., re-
vient ici.

La jauniſſevous ſurprend ! ne ſavez-vous pas que
la couleur des corps dépend de celle des verres au
travers deſquels on les regarde ? Ignorez-vous que
telle eſt la teinte des humeurs, telle eſt celle des
objets, au moins par rapport à nous, vains jouets
de mille illuſions ? Mais ôtez cette teinte de l'hu-
meur aqueuſe de l'œil, faites couler la bile par ſon
tamis naturel ; alors l'ame ayant d'autres yeux, ne
verra plus jaune. N'eſt-ce pas encore ainſi qu'en
abattant la cataracte, ou en injectant le canal d'Euſ-
tachi, on rend la vue aux aveugles, & l'ouie aux
ſourds. Combien de gens, qui n'étoient peut-être

que d'habiles charlatans dans des fiecles ignorans, ont paſſé pour faire de grands miracles! La belle ame & la puiſſante volonté, qui ne peut agir qu'autant que les diſpoſitions du corps le lui permettent, & dont les goûts changent avec l'âge & la fievre! Faut-il donc s'étonner ſi les philoſophes ont toujours eu en vue la ſanté du corps pour conſerver celle de l'ame? ſi Pythagore a auſſi ſoigneuſement ordonné la diete, que Platon a défendu le vin? Le régime qui convient au corps eſt toujours celui par lequel les médecins ſenſés prétendent qu'on doit préluder lorſqu'il s'agit de former l'eſprit, de l'élever à la connoiſſance de la vérité & de la vertu; vains ſons dans le déſordre des maladies & le tumulte des ſens! Sans les préceptes de l'hygiene, Epictete, Socrate, Platon, &c., prêchent en vain: toute morale eſt infructueuſe, pour qui n'a pas la ſobriété en partage; c'eſt la ſource de toutes les vertus, comme l'intempérance eſt celle de tous les vices.

En faut-il davantage, (& pourquoi irois-je me perdre dans l'hiſtoire des paſſions, qui toutes s'expliquent par l'ενορμων d'Hippocrate) pour prouver que l'homme n'eſt qu'un animal ou un aſſemblage de reſſorts, qui tous ſe montent les uns par les autres, ſans qu'on puiſſe dire par quel point du cercle humain la nature a commencé? ſi ces reſſorts different entr'eux, ce n'eſt donc que par leur ſiege &

par quelques degrés de force, & jamais par leur
nature ; & par conséquent l'ame n'est qu'un principe du mouvement, ou une partie matérielle sensible du cerveau, qu'on peut, sans craindre l'erreur,
regarder comme un ressort principal de toute la
machine, qui a une influence visible sur tous les
autres, & même paroît avoir été fait le premier ;
ensorte que tous les autres n'en seroient qu'une émana-
nation, comme on le verra par quelques observations que je rapporterai, & qui ont été faites sur divers embryons.

Cette oscillation naturelle, ou propre à notre
machine, & dont est douée chaque fibre, &, pour
ainsi dire, chaque élément fibreux, semblable à
celle d'une pendule, ne peut toujours s'exercer. Il
faut la renouveler à mesure qu'elle se perd, lui
donner des forces quand elle languit, l'affoiblir
lorsqu'elle est opprimée par un excès de force &
de vigueur. C'est en cela seul que la vraie médecine
consiste.

Le corps n'est qu'une horloge, dont le nouveau
chyle est l'horloger. Le premier soin de la nature,
quand il entre dans le sang, c'est d'y exciter une
sorte de fievre que les chymistes, qui ne rêvent
que fourneaux, ont dû prendre pour une fermentation. Cette fievre procure une plus grande filtra-
tion d'esprits, qui machinalement vont animer les,

mufcles & le cœur, comme s'ils y étoient envoyés par ordre de la volonté.

Ce font donc les caufes ou les forces de la vie qui entretiennent ainfi durant cent ans le mouvement perpétuel des folides & des fluides, auffi néceffaires aux uns qu'aux autres. Mais qui peut dire fi les folides contribuent à ce jeu, plus que les fluides, *& vice verfâ?* Tout ce qu'on fait, c'eft que l'action des premiers feroit bientôt anéantie fans le fecours des feconds. Ce font des liqueurs qui, par leur choc, éveillent & confervent l'élafticité des vaiffeaux, de laquelle dépend leur propre circulation. De-là vient qu'après la mort, le reffort naturel de chaque fubftance eft plus ou moins fort encore, fuivant les reftes de la vie, auxquels il furvit, pour expirer le dernier. Tant il eft vrai que cette force des parties animales peut bien fe conferver & s'augmenter par celle de la circulation, mais qu'elle n'en dépend point, puifqu'elle fe paffe même de l'intégrité de chaque membre où vifcere, comme on l'a vu.

Je n'ignore pas que cette opinion n'a pas été goûtée de tous les favans, & que Staahl fur-tout l'a fort dédaignée. Ce grand chymifte a voulu nous perfuader que l'ame etoit la feule caufe de tous nos mouvemens. Mais c'eft parler en fanatique, & non en philofophe.

Pour détruire l'hypothefe Staahlienne, il ne faut

pas faire tant d'efforts que je vois qu'on en a faits avant moi. Il n'y a qu'à jetter les yeux sur un joueur de violon. Quelle soupleſſe ! quelle agilité dans les doigts ! les mouvemens ſont ſi prompts, qu'il ne paroit preſque pas y avoir de ſucceſſion. Or je prie, ou plutôt je défie les Staahliens de me dire, eux qui connoiſſent ſi bien tout ce que peut notre ame, comment il ſeroit poſſible qu'elle exécutât ſi vîte tant de mouvemens, des mouvemens qui ſe paſſent ſi loin d'elle , & en tant d'endroits divers. C'eſt ſuppoſer un joueur de flûte qui pourroit faire de brillantes cadences ſur une infinité de trous qu'il ne connoitroit pas, & auxquelles il ne pourroit ſeulement pas appliquer le doigt.

Mais diſons, avec M. Hecquet, qu'il n'eſt pas permis à tout le monde d'aller à Corinthe. Et pourquoi Staahl n'auroit-il pas été encore plus favoriſé de la nature en qualité d'homme, qu'en qualité de chymiſte & de praticien ? il falloit (l'heureux mortel !) qu'il eût reçu une autre ame que le reſte des hommes ; une ame ſouveraine qui , non contente d'avoir quelque empire ſur les muſcles *volontaires* , tenoit ſans peine les rênes de tous les mouvemens du corps, pouvoit les ſuſpendre , les calmer, ou les exciter à ſon gré ! Avec une maîtreſſe auſſi deſpotique, dans les mains de laquelle étoient en quelque ſorte les battemens du cœur & les loix de la circulation, point de fievre ſans doute, point de douleur, point de langueur, ni honteufe impuiffance, ni fâcheux priapifme. L'ame veut, & les refforts fe jouent, fe dreffent ou fe débandent. Comment ceux de la machine de Staahl fe font-ils fitôt detraqués! Qui a chez foi un fi grand médecin devroit étre immortel.

Staahl, au refte, n'eft pas le feul qui ait rejetté le principe d'ofcillation des corps organifes. De plus grands efprits ne l'ont pas employé, lorfqu'ils ont voulu expliquer l'action du cœur, l'érection du *penis*, &c. Il n'y a qu'à lire les Inftitutions de Médecine de Boerhaave, pour voir quels laborieux & féduifans fyftêmes, faute d'admettre une force auffi frappante dans tous les corps, ce grand homme a été obligé d'enfanter à la fueur de fon puiffant génie.

Willis & Perrault, efprits d'une plus foible trempe, mais obfervateurs affidus de la nature, que le fameux profeffeur de Leyde n'a connue que par autrui, & n'a eue, pour ainfi dire, que de la feconde main, paroiffent avoir mieux aimé fuppofer une ame généralement répandue par-tout le corps, que le principe dont nous parlons. Mais dans cette hypothefe, qui fut celle de Virgile & de tous les Epicuriens, hypothefe que l'hiftoire du polype fembleroit favorifer à la premiere vue, les mouvemens qui furvivent au fujet dans lequel ils fonr inhérens, viennent d'un *refte d'ame* que confervent

encore les parties qui fe contraſtent, fans être
déformais irritées par le fang & les efprits. D'où
l'on voit que ces écrivains, dont les ouvrages folides
éclipfent aifément toutes les fables philofophiques,
ne fe font trompés que fur le modele de ceux qui
ont donné à la matiere la faculté de penfer, jé
veux dire pour s'être mal exprimés, en termes
obfcurs & qui ne fignifient rien. En effet, qu'eft-ce
que ce *refte d'ame*, fi ce n'eft la force motrice
des Leibnitiens, mal rendue par une telle expreffion, & que cependant Perrault fur-tout a
véritablement entrevue? V. fon *Traité de la Me-
canique des Animaux.*

A préfent qu'il eft clairement démontré contre
les Carthéfiens, les Staahliens, les Mallebranchiftes,
& les théologiens peu dignes d'être ici placés,
que la matiere fe meut par elle-même, non-feulement lorfqu'elle eft organifée, comme dans un
cœur entier, par exemple, mais lors même que
cette organifation eft détruite, la curiofité de
l'homme voudroit favoir comment un corps, par
cela même qu'il eft originairement doué d'un fouffle
de vie, fe trouve en conféquence orné de la faculté
de fentir, & enfin par celle-ci de la penfée. Et pour
en venir à bout, ô bon dieu! quels efforts n'ont pas
faits certains philofophes! & quel galimathias j'ai eu
la patience de lire à ce fujet!

Tout ce que l'expérience nous apprend, c'eft

que tant que le mouvement fubfifte, fi petit qu'il
foit dans une ou plufieurs fibres, il n'y a qu'à les
piquer, pour réveiller, animer ce mouvement
prefque éteint, comme on l'a vu dans cette foule
d'expériences dont j'ai voulu accabler les fyftêmes.
Il eft donc conftant que le mouvement & le fentiment s'excitent tour-à-tour & dans les corps
entiers, & dans les mêmes corps dont la ftructure
eft détruite, pour ne rien dire de certaines plantes
qui femblent nous offrir les mêmes phénomenes de
la réunion du fentiment & du mouvement.

Mais de plus, combien d'excellens philofophes
ont démontré que la penfée n'eft qu'une faculté de
fentir, & que l'ame raifonnable n'eft que l'ame
fenfitive appliquée à contempler les idées & à
raifonner ! ce qui feroit prouvé par cela feul que
lorfque le fentiment eft éteint, la penfée l'eft auffi,
comme dans l'apoplexie, la léthargie, la cata-
lepfie, &c.; car ceux qui ont avancé que l'ame
n'avoit pas moins penfé dans les maladies foporeufes,
quoiqu'elle ne fe fouvînt pas des idées qu'elle avoit
eues, ont foutenu une chofe ridicule.

Pour ce qui eft de ce développement, c'eft une
folie de perdre le temps à en rechercher le méca-
nifme. La nature du mouvement nous eft auffi inconnue que celle de la matiere. Le moyen de
découvrir comment il s'y produit, à moins que de
reffufciter avec l'auteur de l'*Hiftoire de l'Ame*,

l'ancienne & inintelligible doctrine des *formes subflantielles*! Je fuis donc tout auffi confolé d'ignorer comment la matiere, d'inerte & fimple, devient active & compofée d'organes, que de ne pouvoir regarder le foleil fans verre rouge : & je fuis d'auffi bonne compofition fur les autres merveilles incompréhenfibles de la nature, fur la production du fentiment & de la penfée dans un être qui ne paroiffoit autrefois à nos yeux bornés qu'un peu de boue.

Qu'on m'accorde feulement que la matiere organifée eft douée d'un principe moteur, qui feul la différentie de celle qui ne l'eft pas (eh ! peut-on rien refufer à l'obfervation la plus inconteftable?) & que tout dépend dans les animaux de la diverfité de cette organifation, comme je l'ai affez prouvé ; c'en eft affez pour deviner l'énigme des fubftances & celle de l'homme. On voit qu'il n'y en a qu'une dans l'univers, & que l'homme eft la plus parfaite. Il eft au finge, aux animaux les plus fpirituels, ce que la pendule planétaire de Huyghens eft à une montre de Julien-le-Roi. S'il a fallu plus d'inftrumens, plus de rouages, plus de refforts pour marquer les mouvemens des planetes, que pour marquer les heures ou les répéter ; s'il a fallu plus d'art à Vaucanfon pour faire fon *flûteur* que pour fon *canard*, il eût dû en employer encore davantage pour faire un *parleur*, machine qui ne

peut plus être regardée comme impoſſible, ſur-
tout entre les mains d'un nouveau Prométhée. Il
étoit donc de même néceſſaire que la nature em-
ployât plus d'art & d'appareil pour faire & entre-
tenir une machine qui pendant un ſiecle entier
pût marquer tous les battemens du cœur & de
l'eſprit ; car ſi on n'en voit pas au pouls les heures,
c'eſt du moins le barometre de la chaleur & de la
vivacité, par laquelle on peut juger de la nature
de l'ame. Je ne me trompe point, le corps humain
eſt une horloge, mais immenſe, & conſtruite avec
tant d'artifice & d'habilité que, ſi la roue qui ſert
à marquer les ſecondes vient à s'arrêter, celle des
minutes tourne & va toujours ſon train, comme
la roue des quarts continue de ſe mouvoir, & ainſi
des autres, quand les premieres, rouillées ou dé-
rangées par quelque cauſe que ce ſoit, ont inter-
rompu leur marche ; car n'eſt-ce pas ainſi que
l'obſtruction de quelques vaiſſeaux ne ſuffit pas
pour détruire ou ſuſpendre le fort des mouvemens qui eſt dans le cœur, comme dans la piece
ouvriere de la machine, puiſqu'au contraire les
fluides dont le volume eſt diminué, ayant moins de
chemin à faire, le parcourent d'autant plus vîte,
emportés comme par un nouveau courant, que la
force du cœur s'augmente en raiſon de la réſiſtance
qu'il trouve à l'extrêmité des vaiſſeaux ? Lorſque
le nerf optique, ſeul comprimé, ne laiſſe plus

paffer l'image des objets, n'eft-ce pas ainfi que la privation de la vue n'empêche pas plus l'ufage de l'ouïe que la privation de ce fens, lorfque les fonctions de la *portion molle* font interdites, ne fuppofe celle de l'autre ? n'eft-ce pas ainfi encore que l'un entend, fans pouvoir dire qu'il entend, (fi ce n'eft après l'attaque du mal) & que l'autre qui n'entend rien, mais dont les nerfs lingaux font libres dans le cerveau, dit machinalement tous les rêves qui lui paffent par la tête ? phénomenes qui ne furprennent point les médecins éclairés. Ils favent à quoi s'en tenir fur la nature de l'homme; & pour le dire en paffant : de deux médecins, le meilleur, celui qui mérite le plus de confiance, c'eft toujours, à mon avis, celui qui eft le plus verfé dans la phyfique ou la mécanique du corps humain, & qui laiffant l'ame & toutes les inquié-tudes que cette chimere donne aux fots & aux ignorans, n'eft occupé férieufement que du pur naturalifme.

Laiffons donc le prétendu M. Charp fe moquer des philofophes qui ont regardé les animaux comme des machines. Que je penfe différemment ! Je crois que Defcartes feroit un homme refpectable à tous égards, fi né dans un fiecle qu'il n'eût pas dû éclairer, il eût connu le prix de l'expé-rience & de l'obfervation, & le danger de s'en écarter; mais il n'eft pas moins jufte que je faffe ici une autentique réparation à ce grand homme, pour tous ces petits philofophes, mauvais plaifans & mauvais finges de Locke, qui au lieu de rire impudemment au nez de Defcartes, feroient mieux de fentir que fans lui le champ de la philofophie, comme celui du bon efprit fans Newton, feroit peut-être encore en friche.

Il eft vrai que ce célebre philofophe s'eft beaucoup trompé, & perfonne n'en difconvient. Mais enfin il a connu la nature animale ; il a le premier parfaitement démontré que les animaux étoient de pures machines. Or après une découverte de cette importance & qui fuppofe autant de fagacité, le moyen fans ingratitude, de ne pas faire grace à toutes fes erreurs !

Elles font à mes yeux toutes réparées par ce grand aveu. Car enfin, quoiqu'il chante fur la diftinction des deux fubftances ; il eft vifible que ce n'eft qu'un tour d'adreffe, une rufe de ftile pour faire avaler aux théologiens un poifon caché à l'ombre d'une analogie qui frappe tout le monde, & qu'eux feuls ne voient pas ; car c'eft elle, c'eft cette forte analogie qui force tous les favans & les vrais juges d'avouer que ces êtres fiers & vains, plus diftingués par leur orgueil que par le nom d'hommes, quelque envie qu'ils aient de s'élever, ne font au fond que des animaux & des machines perpendiculairement rampantes. Elles ont toutes ce merveilleux inſtinct, dont l'éducation fait de l'eſprit, & qui a toujours ſon ſiege dans le cerveau, & a ſon défaut, comme lorſqu'il manque, ou eſt oſſifié dans la moëlle allongée, & jamais dans le cervelet; car je l'ai vu conſidérablement bleſſé : d'autres (1) l'ont trouvé ſchirreux, ſans que l'ame ceſſât de faire ſes fonctions.

Etre machine, ſentir, penſer, ſavoir diſtinguer le bien du mal, comme le bleu du jaune, en un mot, être né avec de l'intelligence & un inſtinct ſûr de morale, & n'être qu'un animal, ſont donc des choſes qui ne ſont pas plus contradictoires qu'être un ſinge ou un perroquet & ſavoir ſe donner du plaiſir; car puiſque l'occaſion ſe préſente de le dire, qui eût jamais deviné *à priori* qu'une goutte de la liqueur qui ſe lance dans l'accouplement, fit reſſentir des plaiſirs divins, & qu'il en naîtroit une petite créature qui pourroit un jour, poſées certaines loix, jouir des mêmes délices ! Je crois la penſée ſi peu incompatible avec la matiere organiſée, qu'elle ſemble en être une propriété, telle que l'électricité, la faculté motrice, l'impénétrabilité, l'étendue, &c.

Voulez-vous de nouvelles obſervations ? En voici qui ſont ſans replique, & qui prouvent toutes que l'homme reſſemble parfaitement aux animaux

---

(1) *Haller dans les* Tranſact. philoſoph.

dans son origine comme dans tout ce que nous avons déja cru essentiel de comparer.

J'en appelle à la bonne foi de nos observateurs. Qu'ils nous disent s'il n'est pas vrai que l'homme dans son principe n'est pas qu'un ver, qui devient homme, comme la chenille papillon. Les plus graves (1) auteurs nous ont appris comment il faut s'y prendre pour voir cet animalcule. Tous les curieux l'ont vu, comme Hartsoeker, dans la semence de l'homme, & non dans celle de la femme ; il n'y a que les sots qui s'en soient fait scrupule. Comme chaque goutte de sperme contient une infinité de ces petits vers, lorsqu'ils sont lancés à l'ovaire, il n'y a que le plus adroit ou le plus vigoureux qui ait la force de s'insinuer & de s'implanter dans l'œuf que fournit la femme, & qui lui donne sa premiere nourriture. Cet œuf, quelquefois surpris dans les trompes de fallope, est porté par ces canaux à la matrice, où il prend racine comme un grain de blé dans la terre. Mais quoiqu'il y devienne monstrueux par sa croissance de neuf mois, il ne differe point des œufs des autres femelles, si ce n'est que sa peau (*l'amnios*) ne se durcit jamais & se dilate prodigieusement, comme on en peut juger en comparant le fœtus trouvé en situation & prêt d'éclore, (ce que j'ai eu le plaisir

______

(1) *Boerh.* Inst. Med. *& tant d'autres.*

d'obſerver dans une femme morte un moment avant
l'accouchement,) avec d'autres petits embryons
très-proches de leur origine; car alors c'eſt toujours l'œuf dans ſa coque, & l'animal dans l'œuf,
qui gêné dans ſes mouvemens, cherche machinalement à voir le jour; & pour y réuſſir, il commence
par rompre avec la tête cette membrane, d'où il
ſort, comme le poulet, l'oiſeau, &c. de la leur.
J'ajouterai une obſervation que je ne trouve nulle
part, c'eſt que *l'amnios* n'en eſt pas plus mince,
pour s'être prodigieuſement étendu; ſemblable en
cela à la matrice dont la ſubſtance même ſe gonfle
de ſucs infiltrés, indépendamment de la réplétion
& du déploiement de tous ſes coudes vaſculeux.

Voyons l'homme dans & hors de ſa coque;
examinons avec un microſcope les plus jeunes
embryons de 4, de 6, de 8 ou de 15 jours; après
ce temps les yeux ſuffiſent. Que voit-on? la tête
ſeule; un petit œuf rond avec deux points noirs
qui marquent les yeux. Avant ce temps, tout étant
plus informe, on n'apperçoit qu'une pulpe médullaire, qui eſt le cerveau, dans lequel ſe forme
d'abord l'origine des nerfs, ou le principe du
ſentiment, & le cœur qui a déjà par lui-même dans
cette pulpe la faculté de battre : c'eſt le *punctum
ſaliens* de Malpighi, qui doit peut-être déjà une
partie de ſa vivacité à l'influence des nerfs. Enſuite
peu-à-peu on voit la tête allonger le col, qui en

fe dilatant forme d'abord le *thorax* , où le cœur a
déjà defcendu pour s'y fixer ; après quoi vient le
bas-ventre qu'une cloifon (le diafragme) fépare.
Ces dilatations donnent, l'une les bras , les mains,
les doigts, les ongles & les poils ; l'autre les cuiffes,
les jambes, les pieds , &c. avec la feule différence
de fituation qu'on leur connoît , qui fait l'appui
& le balancier du corps. C'eft une végétation
frappante. Ici ce font des cheveux qui couvrent le
fommet de nos têtes ; là ce font des feuilles & des
fleurs ; par-tout brille le même luxe de la nature ;
& enfin l'efprit recteur des plantes eft placé où
nous avons notre ame, cette autre quinteffence de
l'homme.

Telle eft l'uniformité de la nature, qu'on commence à fentir, & l'analogie du regne animal &
végétal , de l'homme à la plante. Peut-être même
y a-t-il des plantes animales, c'eft-à-dire qui en
végétant ou fe battant comme les polypes, font
d'autres fonctions propres aux animaux.

Voilà à-peu-près tout ce qu'on fait de la génération. Que les parties qui s'attirent , qui font
faites pour s'unir enfemble, & pour occuper telle
ou telle place, fe réuniffent toutes fuivant leur
nature ; & qu'ainfi fe forment les yeux, le cœur,
l'eftomac & enfin tout le corps, comme de grands
hommes l'ont écrit, cela eft poffible. Mais comme
l'expérience nous abandonne au milieu de ces

fubtilités

lubrilités, je ne fuppoferai rien, regardant tout ce qui ne frappe pas mes fens, comme un myftere impénétrable. Il eft fi rare que les deux femences fe rencontrent dans le congrès, que je ferois tenté de croire que la femence de la femme eft inutile à la génération.

Mais comment en expliquer les phénomenes, fans ce commode rapport de parties, qui rend fi bien raifon des reffemblances des enfans, tantôt au pere, & tantôt à la mere. D'un autre côté l'embarras d'une explication doit-elle contrebalancer un fait ? Il me paroît que c'eft le mâle qui fait tout, dans une femme qui dort, comme dans la plus lubrique. L'arrangement des parties feroit donc fait de toute éternité dans le germe ou dans le ver même de l'homme. Mais tout ceci eft fort au-deffus de la portée des plus excellens obfervateurs. Comme ils n'y peuvent rien faifir, ils ne peuvent pas plus juger de la mécanique de la formation & du mouvement des corps, qu'une taupe du chemin qu'un cerf peut parcourir.

Nous fommes de vraies taupes dans le chemin de la nature : nous n'y faifons gueres que le trajet de cet animal ; & c'eft notre orgueil qui donne des bornes à ce qui n'en a point. Nous fommes dans le cas d'une montre qui diroit : (un fabulifte en feroit un perfonnage de conféquence dans un ouvrage frivole) « quoi ! c'eft ce fot ouvrier qui

» m'a faite, moi qui divife le temps ! moi qui
» marque fi exactement le cours du foleil; moi qui
» répete à haute voix les heures que j'indique !
» non, cela ne fe peut pas ». Nous dédaignons de
même, ingrats que nous fommes, cette mere commune de tous les *regnes*, comme parlent les
chymiftes. Nous imaginons, ou plutôt fuppofons
une caufe fupérieure à celle à qui nous devons tout,
& qui a véritablement tout fait d'une maniere
inconcevable. Non, la matiere n'a rien de vil qu'aux
yeux groffiers qui la méconnoiffent dans fes plus
brillans ouvrages ; & la nature n'eft point une
ouvriere bornée. Elle produit des millions d'hommes
avec plus de facilité & de plaifir, qu'un horloger
n'a de peine à faire la montre la plus compofée.
Sa puiffance éclate également, & dans la production du plus vil infecte, & dans celle de l'homme
le plus fuperbe ; le regne animal ne lui coûte pas
plus que le végétal ; ni le plus beau génie, qu'un
épi de blé. Jugeons donc par ce que nous voyons,
de ce qui fe dérobe à la curiofité de nos yeux & de
nos recherches, & n'imaginons rien au-delà. Suivons le finge, le caftor, l'éléphant &c. dans leurs
opérations. S'il eft évident qu'elles ne peuvent fe
faire fans intelligence, pourquoi la refufer à ces
animaux ? & fi vous leur accordez une ame, fana-
tiques, vous êtes perdus : vous aurez beau dire que
vous ne décidez point fur fa nature, tandis que

vous lui ôtez l'immortalité ; qui ne voit que c'eſt
une aſſertion gratuite ? qui ne voit qu'elle doit être
ou mortelle, ou immortelle, comme la nôtre, donc
elle doit ſubir le même ſort, quel qu'il ſoit ; &
qu'ainſi c'eſt *tomber dans Scilla, pour vouloir
éviter Caribde ?*

Briſez la chaîne de vos préjugés ; armez-vous
du flambeau de l'expérience, & vous ferez à la
nature l'honneur qu'elle mérite, au lieu de rien
conclure à ſon déſavantage, de l'ignorance où elle
vous a laiſſée. Ouvrez les yeux ſeulement, & laiſſez-
là ce que vous ne pouvez comprendre ; & vous
verrez que ce laboureur, dont l'eſprit & les lumieres
ne s'étendent pas plus loin que les bords de ſon
ſillon, ne differe point eſſentiellement du plus grand
génie, comme l'eût prouvé la diſſection des cer-
veaux de Deſcartes & de Newton : vous ferez per-
ſuadé que l'imbécille ou le ſtupide ſont des bêtes
à figure humaine, comme le ſinge plein d'eſprit eſt
un petit homme ſous une autre forme ; & qu'enfin
tout dépendant abſolument de la diverſité de l'organiſation, un animal bien conſtruit, à qui on a
appris l'aſtronomie, peut prédire une éclipſe,
comme la guériſon, ou la mort, lorſqu'il a porté
quelque temps du génie & de bons yeux à l'école
d'Hippocrate & au lit des malades. C'eſt par cette
file d'obſervations & de vérités qu'on parvient à
lier à la matiere l'admirable propriété de penſer,

fans qu'on en puiſſe voir les liens, parce que le ſujet de cet attribut nous eſt eſſentiellement inconnu.

Ne diſons point que toute machine, ou tout animal, périt tout-à-fait, ou prend une autre forme, après la mort; car nous n'en ſavons abſolument rien. Mais aſſurer qu'une machine immortelle eſt une chimere, ou un *être de raiſon*, c'eſt faire un raiſonnement auſſi abſurde, que celui que feroient des chenilles, qui voyant les dépouilles de leurs ſemblables, déploreroient amerement le ſort de leur eſpece, qui leur ſembleroit s'anéantir. L'ame de ces inſectes (car chaque animal a la ſienne) eſt trop bornée pour comprendre les métamorphoſes de la nature. Jamais un ſeul des plus ruſés d'entre eux n'eût imaginé qu'il dût devenir papillon. Il en eſt de même de nous. Que ſavons-nous plus de notre deſtinée, que de notre origine? Soumettons-nous donc à une ignorance invincible, de laquelle notre bonheur dépend.

Qui penſera ainſi, ſera ſage, juſte, tranquille ſur ſon ſort, & par conſéquent heureux. Il attendra la mort, ſans la craindre ni la deſirer, & chériſſant la vie, comprenant à peine comment le dégoût vient corrompre un cœur dans ce lieu plein de délices; plein de reſpect pour la nature; plein de recon-noiſſance, d'attachement & de tendreſſe, à pro-

portion du sentiment & des bienfaits qu'il en a
reçus ; heureux enfin de la sentir, & d'être au
charmant spectacle de l'univers, il ne le détruira
certainement jamais dans soi, ni dans les autres.
Que dis-je ! plein d'humanité, il en aimera le
caractere jusques dans ses ennemis. Jugez comme
il traitera les autres. Il plaindra les vicieux, sans
les haïr ; ce ne seront à ses yeux que des hommes
contrefaits. Mais en faisant grace aux défauts de
la conformation de l'esprit & du corps, il n'en
admirera pas moins leurs beautés & leurs vertus.
Ceux que la nature aura favorisés, lui paroîtront
mériter plus d'égards que ceux qu'elle aura traités
en marâtre. C'est ainsi qu'on a vu que les dons
naturels, la source de tout ce qui s'acquiert, trouvent dans la bouche & le cœur du matérialiste,
des hommages que tout autre leur refuse injustement. Enfin le matérialiste convaincu, quoique
murmure sa propre vanité, qu'il n'est qu'une machine ou qu'un animal, ne maltraitera point ses
semblables ; trop instruit sur la nature de ces
actions, dont l'inhumanité est toujours propor-
tionnée au degré d'analogie prouvée ci-devant ;
& ne voulant pas en un mot, suivant la loi naturelle donnée à tous les animaux, faire à autrui ce
qu'il ne voudroit pas qu'il lui fît.

Concluons donc hardiment que l'homme est une

machine, & qu'il n'y a dans tout l'univers qu'une seule substance diversement modifiée. Ce n'est point ici une hypothese élevée à force de demandes & de suppositions : ce n'est point l'ouvrage du préjugé, ni même de ma raison seule ; j'eusse dédaigné un guide, que je crois si peu sûr, si mes sens portant, pour ainsi dire, le flambeau, ne m'eussent engagé à la suivre, en l'éclairant. L'expérience m'a donc parlé pour la raison ; c'est ainsi que je les ai jointes ensemble.

Mais on a dû voir que je ne me suis permis le raisonnement le plus vigoureux & le plus immédiatement tiré, qu'à la suite d'une multitude d'observations physiques, qu'aucun savant ne contestera ; & c'est encore eux seuls que je reconnois pour juges des conséquences que j'en tire ; recusant ici tout homme à préjugés, & qui n'est ni anatomiste, ni au fait de la seule philosophie qui est ici de mise, celle du corps humain. Que pourroient contre un chêne aussi ferme & solide, ces foibles roseaux de la théologie, de la métaphysique & des écoles ; armes puériles, semblables aux fleurets de nos salles, qui peuvent bien donner le plaisir de l'escrime, mais jamais entamer son adversaire. Fautil dire que je parle de ces idées creuses & triviales, de ces raisonnemens rebattus & pitoyables, qu'on fera sur la prétendue incompatibilité de deux

fubftances qui fe touchent & fe remuent fans ceffe
l'une & l'autre, tant qu'il reftera l'ombre du préjugé ou de la fuperftition fur la terre ? Voilà
mon fyftême, ou plutôt la vérité, fi je ne me
trompe fort. Elle eft courte & fimple. Difpute à
préfent qui voudra !

L'ART

DE

JOUIR.

Et quibus ipſa modis traƈtetur blanda voluptas.

LUCR.

L'ART
DE
JOUIR.

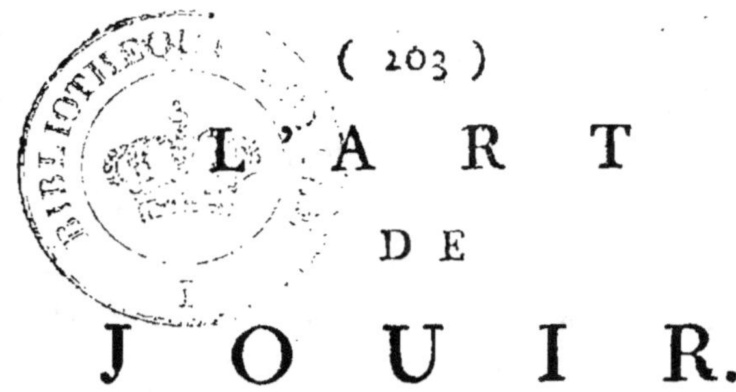

PLAISIR, maitre souverain des hommes & des dieux, devant qui tout disparoît, jusqu'à la raison même, tu sais combien mon cœur t'adore, & tous les sacrifices qu'il t'a faits. J'ignore si je mériterai d'avoir part aux éloges que je te donne ; mais je me croirois indigne de toi, si je n'étois attentif à m'assurer de ta présence, & à me rendre compte à moi-même de tous tes bienfaits. La reconnoissance seroit un trop foible tribut, j'y ajoute encore l'examen de mes sentimens les plus doux.

Dieu des belles ames, charmant plaisir, ne permets pas que ton pinceau se prostitue à d'infâmes voluptés, ou plutôt à d'indignes débauches qui font gémir la nature révoltée. Qu'il ne peigne que les feux du fils de Cypris, mais qu'il les peigne avec transport. Que ce dieu vif, impétueux, ne se serve de la raison des hommes, que pour la leur faire oublier : qu'ils ne raisonnent que pour exagérer leurs plaisirs & s'en pénétrer : que la froide philosophie se taise pour m'écouter. Je sens les respectables approches de la volupté.

Disparoissez, courtisanes impudiques ! Il sortit moins de maux de la boëte de Pandore, que du sein de vos plaisirs. Eh ! que dis-je ! des plaisirs ! En fût-il jamais sans les sentimens du cœur ? Plus vous prodiguez vos faveurs, plus vous offensez l'amour qui les désavoue. Livrez vos corps aux satyres ; ceux qui s'en contentent, en sont dignes : mais vous ne l'êtes pas d'un cœur né sensible. Vous vous prostituez en vain, en vain vous cherchez à m'éblouir par des charmes *vulgivagues* : ce n'est point la jouissance des corps, c'est celle des ames qu'il me faut. Tu l'as connue, Ninon, cette jouissance exquise, durant le cours de la plus belle vie ; tu vivras éternellement dans les fastes de l'amour.

Vous, qui baissez les yeux aux paroles chatouilleuses, précieuses & prudes, loin d'ici ! La volupté est dispensée de vous respecter, d'autant plus que vous n'êtes pas vous-mêmes, a ce qu'on dit, si austere dans le deshabillé. Loin d'ici sur-tout race dévôte, qui n'avez pas une vertu pour couvrir vos vices !

Belles, qui voulez consulter la raison pour aimer, je ne crains pas que vous prétiez l'oreille à mes discours ; elle n'en sera point alarmée. La raison emprunte ici, non le langage, mais le sentiment des dieux. Si mon pinceau ne répond pas à la finesse & à la délicatesse de votre façon de sentir, favorisez-moi d'un seul regard ; & l'amour qui s'eſt plu à vous former, qui s'admire ſans ceſſe dans le plus beau de ſes ouvrages, fera couler de ma plume la tendreſſe & la volupté, qu'il ſembloit avoir réſervées pour vos cœurs.

Je ne ſuivrai point les traces de ces beaux eſprits, précieuſement néologues & puérilement entortillés: ce vil troupeau d'imitateurs d'un froid modele glaceroit mon imagination chaude & voluptueuſe: un art trop recherché ne me conduiroit qu'à des jeux d'enfans que la raiſon proſcrit, ou à un ordre inſipide que le génie méconnoît & que la volupté dédaigne. Le bel eſprit du ſiecle ne m'a point corrompu; le peu que la nature m'en réſervoit, je l'ai pris en ſentimens. Que tout reſſente ici le déſordre des paſſions, pourvu que le feu qui m'emporte ſoit digne, s'il ſe peut, du dieu qui m'inſpire!

Auguſte divinité, qui protégeas les chants immortels de Lucrece, ſoutiens ma foible voix. Eſprits mobiles & déliés, qui circulez librement dans mes veines, portez dans mes écrits cette raviſſante volupté que vous faites ſans ceſſe voler dans mon cœur.

O vous, tendres, naïfs ou ſublimes interprêtes de la volupté, vous qui avez forcé les graces & les amours à une éternelle reconnoiſſance, ah! faites que je la partage. S'il ne m'eſt pas donné de vous ſuivre, laiſſez-moi du moins un trait de flamme qui me guide, comme ces cometes qui laiſſent après elles un fillon de lumiere qui montre leur route.

Oui, vous feuls pouvez m'infpirer, enfans *gâtés* de la nature & de l'amour, vous que ce dieu a pris foin de former lui-même, pour fervir à des projets dignes de lui, je veux dire, au bonheur du genre humain; échauffez-moi de votre génie, ouvrez-moi le fanctuaire de la nature, éclairé par l'amour: nouveau, mais plus heureux Prométhée, que j'y puife ce feu facré de la volupté, qui dans mon cœur, comme dans fon temple, ne s'éteigne jamais; & qu'Epicure enfin paroiffe ici, tel qu'il eft dans tous les cœurs. O nature, ô amour, puiffé-je faire paffer dans l'éloge de vos charmes tous les tranfports avec lefquels je fens vos bienfaits!

Venez, Phylis, defcendons dans ce vallon tranquille; tout dort dans la nature, nous feuls fommes éveillés: venez fous ces arbres, où l'on n'entend que le doux bruit de leurs feuilles; c'eft le zéphir amoureux qui les agite; voyez comme elles femblent planer l'une fur l'autre, & vous font figne de les imiter.

Parlez, Phylis, ne fentez-vous pas quelque mouvement délicat, quelque douce langueur qui vous eft inconnue? Oui, je vois l'heureufe impreffion que vous fait ce myftérieux afyle: le brillant de vos yeux s'adoucit, votre fang coule avec plus de

vîteſſe, il éleve votre beau ſein, il anime votre
cœur innocent.

En quel état ſuis-je! Quels nouveaux ſentimens,
dites-vous!....... venez, Phylis, je vous les expliquerai.

Votre vertu s'éveille, elle craint la ſurpriſe
même qu'elle a: la pudeur ſemble augmenter vos inquiétudes avec vos attraits: votre gloire rejette
l'amour; mais votre cœur ne le rejette pas.

Vous vous révoltez en vain, chacun doit ſuivre
ſon ſort: pour être heureux il n'a manqué au vôtre
que l'amour; vous ne vous priverez pas d'un bonheur qui redouble en ſe partageant: vous n'éviterez
pas les pieges que vous tendez à l'univers: qui balance a pris ſon parti.

O ſi vous pouviez ſeulement ſentir l'ombre des
plaiſirs que goûtent deux cœurs qui ſe ſont donnés
l'un à l'autre, vous redemanderiez à Jupiter tous
ces ennuyeux momens, tous ces vuides de la vie
que vous avez paſſés ſans aimer!

Quand une belle s'eſt rendue, qu'elle ne vit plus
que pour celui qui vit pour elle; que ſes refus ne
ſont plus qu'un jeu néceſſaire; que la tendreſſe qui
les accompagne autoriſe d'amoureux larcins, &
n'exige plus qu'une douce violence; que deux beaux
yeux, dont le trouble augmente les charmes, demandent en ſecret ce que la bouche refuſe; que
l'amour éprouvé de l'amant eſt couronné de myr-

tes par la vertu même ; que la raifon n'a plus d'autre langage que celui du cœur ; que... les expreffions me manquent, Phylis, tout ce que je dis n'eft pas même un foible fonge de ces plaifirs. Aimable foibleffe ! douce extafe ! c'eft en vain que l'efprit veut vous exprimer, le cœur même ne peut vous comprendre.

Vous foupirez, vous fentez les douces approches du plaifir ! Amour, que tu es adorable ! fi ta feule peinture peut donner des defirs, que ferois-tu toi-même ?

Jouiffez, Phylis, jouiffez de vos charmes : n'être belle que pour foi, c'eft l'être pour le tourment des hommes.

Ne craignez ni l'amour, ni l'amant ; une fois maîtreffe de mon cœur, vous le ferez toujours. La vertu conferve aifément les conquêtes de la beauté.

J'aime, comme on aimoit avant qu'on eût appris à foupirer, avant qu'on eût fait un art de jurer la fidélité. Amour eft pauvre : je n'ai qu'un cœur à vous offrir, mais il eft tendre comme le vôtre. Uniffons-les, & nous connoîtrons à la fois le plaifir, & cette tendreffe plus féduifante qui conduit à la plus pure volupté des cœurs.

Quels font ces deux enfans de différent fexe qu'on laiffe vivre feuls paifiblement enfemble ? Qu'ils feront heureux un jour ! Non, jamais l'a-

mour

mour n'aura eu de si tendres, ni de si fideles ferviteurs. Sans éducation & par conséquent sans préjugés, livrés sans remords à une mutuelle sympathie, abandonnés à un instinct plus sage que la
raison, ils ne suivront que ce tendre penchant de
la nature, qui ne peut être criminel, puisqu'on ne
peut y résister.

Voyez ce jeune garçon ; déja il n'est plus homme, sans s'en appercevoir. Quel nouveau feu vient
de s'allumer dans ses veines ! quel chaos se dé-
brouille ! il n'a plus les mémes goûts, ses inclinations changent avec sa voix. Pourquoi ce qui l'amu-
soit, l'ennuye-t-il ? Tout occupé, tout étonné de
son nouvel être, il sent, il desire, sans trop savoir
ce qu'il sent, ni ce qu'il desire : il entrevoit seulement, par l'envie qu'il a d'être heureux, la puissance de le devenir. Ses desirs confus forment une
espece de voile, qui dérobe à sa vue le bonheur
qui l'attend. Consolez-vous, jeune berger, le flambeau de l'amour dissipera bientôt les nuages qui
retardent vos beaux jours : les plaisirs après lesquels vous soupirez, ne vous feront pas toujours
inconnus ; la nature vous en offrira par-tout l'image ;
deux animaux s'accoupleront en votre présence ;
vous verrez des oiseaux se caresser sur une branche d'arbre, qui semble obéir à leurs amours.

Tout vous est de l'amour une leçon vivante.

Que de réflexions vont naître de ce nouveau

spectacle ! jusqu'où la curiosité ne portera-t-elle pas ses regards ! L'amour l'aiguillonne ; il veut instruire l'un par l'autre ; il a fait la gorge de la bergere, différente de celle du berger: elle ne peut respirer sans qu'elle s'éleve, c'est son langage : il semble qu'elle veuille forcer les barrieres de la pudeur, comme indignée d'une contrainte qui la fâche. Pensées naïves, desirs innocens, tendres inquiétudes, tout se dit sans fard ; le cœur s'ouvre, on ne se dissimule aucuns sentimens ; ils sont trop nouveaux, trop vifs, pour être contenus.

Mais n'y auroit-il point encore d'autre différence ? Oh oui ! & même beaucoup plus considérable : voyez cette rose que le trop heureux hymen reçoit quelquefois des mains de l'amour : rose vermeille, dont le bouton est à peine éclos qu'elle veut être cueillie : rose charmante, dont chaque feuille semble couverte & entourée d'un fin duvet, pour mieux cacher les amours qui y sont nichés, & les soutenir plus mollement dans leurs ébats.

Surpris de la beauté de cette fleur, avec quelle avidité le berger la considere ! Avec quel plaisir il la touche, la parcourt, l'examine ! Le trouble de son cœur est marqué dans ses yeux.

La bergere est aussi curieuse d'elle-même pour la premiere fois; elle avoit déja vu son joli minois dans un clair ruisseau : le même miroir va lui servir

pour contempler des charmes fecrets qu'elle ignoroit.

Mais elle découvre à fon tour combien Daphnis
lui reffemble. Qu'elle lui rend bien fa furprife !
Frappée d'une fi prodigieufe différence, toute émue
elle y porte la main en tremblant; elle le careffe,
elle en ignore l'ufage, elle ne comprend pas pourquoi fon cœur bat fi vîte, elle ne fe connoit prefque plus : mais enfin, lorfque revenue à elle-même,
un trait de lumiere a paffé dans fon cœur, elle
le regarde comme un monftre, la chofe lui paroît
abfolument impoffible, elle ne conçoit pas encore,
la pauvre Agnès, tout ce que peut l'amour.

L'idée du crime n'a point été attachée à toutes
ces recherches amoureufes ; elles font faites par de
jeunes cœurs qui ont befoin d'aimer, avec une
pureté d'ame que jamais n'empoifonna le repentir.
Heureux enfans! qui ne voudroit l'être comme vous?
Bientôt vos jeux ne feront plus les mêmes, mais
ils n'en feront pas moins innocens : le plaifir n'habita jamais des cœurs impurs & corrompus. Quel
fort plus digne d'envie! vous ignorez ce que vous
êtes l'un à l'autre ; cette douce habitude de fe voir
fans ceffe, la voix du fang ne déconcerte point
l'amour ; il n'en vole que plus vîte auprès de vous,
pour ferrer vos liens & vous rendre plus fortunés.
Ah ! puiffiez-vous vivre toujours enfemble & toujours ignorés dans cette paifible folitude, fans con-

noître ceux qui vous ont donné le jour! Le commerce des hommes feroit fatal à votre bonheur; un art imposteur corromproit la simple nature, sous les loix de laquelle vous viviez heureux: en perdant votre innocence, vous perdriez tous vos plaisirs.

Que vois-je! c'est Isménias, qui est sur le point d'enlever l'objet de ses desirs. Son bonheur est peint dans ses yeux, il éclate sur sa figure; & du fond de son cœur, par une sorte de circulation nouvelle, il paroît répandu sur tout son être. Il parle d'Ismene, écoutons. Qu'il a l'air content & ravi !

Enfin, dit-il, je vais donc posséder celle que mon cœur adore! Je vais donc jouir du fruit de la plus belle victoire. Dieux ! que cette conquête m'a coûté! Mais qui soumet un cœur tel que celui d'Ismene, a conquis l'univers.

Il fait l'éloge de ses charmes. Toutes les femmes n'ont que des visages, Ismene seule a de la physionomie. On sent, on pense toujours avec ces traits-là : mais par quel heureux mélange de couleurs est-on embarrassé de dire s'il y a plus de sentiment que d'esprit dans ses yeux!

Ismene ignore le parti qu'a pris son amant: elle lui avoit défendu de tenter une entreprise aussi délicate. Mais il faut épargner à ce qu'on aime jusqu'à la moindre inquiétude : il n'y a point à balancer ;

on obéit à l'amour, en défobéiffant à l'amante. Le devoir eft tout en amour comme en guerre, & le péril n'eft rien. Plus la démarche eft téméraire, plus Ifmene fera fenfible..... Ah! que l'amour donne de courage! Ah! que cette preuve de tendreffe lui fera chere, & qu'elle en faura un jour bon gré à fon amant!

Ifménias, prêt d'arriver chez Ifmene, la croit déja partie fur un faux rapport: il ne comprend pas comment il a pu la manquer fur la route; il s'agite, il délibere, quel parti prendre? Hélas! Eft-il en état d'en prendre un? il retourne fur fes pas: on le prendroit pour un infenfé: égaré, fe connoiffant à peine, il court nuit & jour, il ne rencontre point Ifmene, il tremble qu'elle n'arrive la premiere au rendez-vous. O dieu! O amour! quelles euffent été fes inquiétudes de n'y point trouver fon amant.

Mieux inftruit enfuite au moment qu'il s'en flatte le moins, quelle heureufe révolution! quelle brillante férénité releve un front abattu! Comme il remercie l'amour d'avoir pris pitié de fon tourment!

Il baife cent fois le billet d'Ifmene, il l'arrofe de fes larmes, il revole fur fes premiers pas. Rien ne fatigue, rien ne coûte quand on aime: la diftance des lieux eft bientôt franchie par les ailes de l'amour.

Par la joie de l'amant, jugez de celle de l'amante, lorsqu'elle entendra cette histoire de la bouche même d'Isménias; & devinez, si vous pouvez, lequel des deux va goûter le plus pur contentement! Si les plaisirs augmentent par les peines, que j'envie votre sort, Isménias!

Ils se revoient enfin, ils veulent en vain parler; mais à la vivacité de leur silence & de leurs caresses, qu'on voit bien que la parole est un foible organe du sentiment! Ont-ils enfin repris l'usage de la voix! Grands dieux! quels entretiens! Se racontent-ils tout ce qui se passe dans l'univers? Non, ils ont bien plus de choses à se dire: ils s'aiment, ils se retrouvent après une longue & trop cruelle absence. Qui pourroit redire ici leurs discours, & plutôt encore leur joie que leurs plaisirs? Il faudroit sentir comme eux, il faudroit s'être trouvé dans la même situation délicieuse.

Ismene, je l'ai prévu, n'oubliera jamais ce qu'a fait Isménias; elle ne quitte point une fortune brillante, ce seroit un petit sacrifice à ses yeux; c'est elle-même qu'elle sacrifie. Pour qui? pour un amant dont l'amour fait toute la richesse.

Le plaisir appelle Ismene, il lui tend les bras, il lui montre une chaîne de fleurs. Refusera-t-elle un dieu jeune, aimable, qui ne veut que sa félicité? C'en est fait; « le conseil en est pris quand l'amour » l'a donné». Mais de combien de sentimens di-

vers elle est agitée, & quelles singulieres conditions
elle impose à son amant !

  « Vous voyez, dit-elle, Isménias, tout ce que
» je fais pour vous. Je ne pourrai reparoître dans
» l'univers, les préjugés y tiennent un rang trop
» considérable ; & si je vous perds (tombe sur
» moi plutôt la foudre !) je n'ai d'autre ressource
» que la mort. Je ne vous parle point de l'ingra-
» titude, de l'infidélité, de l'inconstance, du mé-
» pris.... car qu'en fais-je ! Et combien me re-
» pentirai-je peut être de cette démarche, quand
» il n'en sera plus temps ! Mais que dis-je ! non,
» Isménias, vous ne ressemblerez point aux autres
» hommes ; non , vous ne seduirez pas la vertu
» pour l'abandonner aux plus-vifs regrets. Je vous
» fais injure, je suis sûre de vous, je vous ai choisi ;
» & si cela n'étoit pas , à quoi me serviroit de
» prévoir un malheur que je n'aurois pas la force
» de prévenir ? Mais cependant , quelque empire
» que l'amour ait sur mon cœur, j'aurai celle d'en
» rester aux termes où nous en sommes : jamais,
» comptez-y , vous ne serez mon amant tout-à-
» fait. Ismene l'eût juré par le Stix ».

  Isménias gémit, il est desolé, il ne conçoit pas
la trop rigoureuse loi d'un cœur sensible. « Tendre
» & cruelle Ismene , quoi ! vous m'aimez, & vous
» ne ferez pas tout pour moi ! Il m'en coûtera
» peut-être plus qu'à vous, interrompit-elle, mais

» la tendreſſe eſt la volupté des cœurs. Ce que je
» vous refuſe en plaiſirs, vous l'aurez en ſentimens.
» Il n'y a pas dans toute mon ame un ſeul mouve-
» ment qui ne m'approche de vous, un ſeul ſoupir
» qui ne tende vers les lieux où le deſtin vous ap-
» pelle. Ne ſentez-vous donc point, Iſménias,
» le prix de tant d'amour, le prix d'un cœur qui
» ſait aimer dans ces momens où les autres femmes
» ne ſavent que jouir » ?

L'amour eſt éloquent : Iſménias auroit pu employer toute ſa rhétorique ; il auroit pu vanter ſon
expérience, ſon adreſſe, perſuader, peut-être con-
vaincre..... Mais il n'étoit pas temps, la retenue
étoit néceſſaire ; en pareil cas, il s'agit moins de
ſéduire que d'obéir & de diſſiper les craintes. Quand
l'heure du berger n'a pas ſonné, il feroit heureux
que certaines pourſuites ne fuſſent qu'inutiles ; un
à-compte, demandé mal-à-propos, a ſouvent fait
perdre toute la dette de l'amant.

Notre amoureux étoit trop initié dans les myſ-
teres de Paphos pour ne pas contenir l'impétuoſité
de ſes deſirs. Il fut même ſi ſage juſqu'au départ,
que la belle, à ce qu'on dit, craignit d'avoir trop
exigé.

Mais déjà les meſures ſont priſes, & bien priſes ;
la circonſpection d'Iſmene ne fouffre aucune légé-
reté ; tout ſera trompé, juſqu'aux préjugés.

Pourquoi de ſi cruels retours ? un cœur ſans

artifice devroit-il connoître les remords ? Quoi !
ces bourreaux déchirent fans pitié le cœur d'Ifmene ? Elle craint les fuites d'une démarche auffi
hardie ; elle tremble d'être reconnue ; elle fe re-
proche tout, jufqu'aux hommages rendus à une vertu
qu'elle ne croit pas avoir. Que cette fimplicité eft
belle & honnête ! Elle s'accufe d'avoir joué la
fageffe, d'avoir trompé les hommes & les dieux.
« Jufqu'ici, dit-elle, on n'a refpecté en moi qu'une
» trompeufe idole, qu'un mafque impofteur ; le
» rôle que je vais faire ne fera pas plus vrai. Indigne
» des honneurs que je recevrai. . . . . Ah dieux !
» une ame bien née peut-elle fe manquer ainfi à
» elle-même ? ô Vénus ! pourquoi faut-il que je
» fois deftinée à être ta proie, comme celle des
» remords » ?

Amour, tant que tu fouffriras un refte de raifon
dans ton empire, tes fujets feront malheureux.
Ifmene n'eft éperdue, que parce qu'elle ne l'eft
pas affez : fon foible cœur ne conçoit pas qu'il s'eft
donné malgré lui, après n'avoir que trop com-
battu.

« Non, charmante Ifmene, l'honneur & l'a-
» mour ne font point incompatibles ; ils fubfiftent
» enfemble, ils s'éclairent, ils s'illuftrent, quand
» une fidelité, une conftance à toute épreuve, un
» attachement inviolable, fentimens de la plus
» belle ame, ne l'abandonnent jamais. Loin que

» l'amour conduit, s'il se peut, par la prudence,
» soit une source de mépris, ah ! belle Ismene !
» qu'une femme qui sait aimer est un être rare
» & respectable ! On devroit lui dresser des au-
» tels ».

Isménias ayant ainsi rassuré sa maîtresse inquiete, nos tendres amans partent enfin ; ils voudroient déja être au bout du monde. Plus d'allarmes, la joie succede aux craintes, & le doux plaisir à la joie. Déjà Ismene est enflammée par mille discours tendres & par mille baisers de feu. On permet à Isménias ces anciennes privautés, ces équivalens d'amour qui n'en font point, & dont aussi le fripon se contentoit à peine. Les chemins disparoissent ; les postes se font comme par des chevaux aîlés ; quelquefois on ne va que trop vite, on n'arrive que trop promptement ; si la prudente volupté tranfporte moins nos cœurs, elle les amuse davantage. « Ton plaisir, dit Isménias, n'est que l'ombre de » ceux que peuvent goûter deux cœurs parfaite-
» ment unis ».

Les amans en reviennent toujours là : ont-ils tort ? C'est le but de l'amour ; il ne bat que d'une aile lorsqu'il est seul ; en compagnie il n'en a point ; tête-à-tête il en a mille.

Ismene n'eut pas de peine à détourner la conversation sur le plaisir des hommes & des femmes. Ce sont les hommes, à son avis, qui ont le plus

de plaisir : Isménias croit que ce sont les femmes.
Les autres sont toujours plus heureux que nous.
La dispute duroit encore, lorsqu'après avoir couru
dans la nuit plus avant qu'Isménias n'eût voulu, il
goûta enfin, pour la première fois, cette volupté
libre, commode, & en quelque sorte universelle,
après laquelle il soupiroit depuis long-temps. Il s'en
faut de peu que nos amans ne soient vraiment
unis : ils meurent tour-à-tour & plus d'une fois,
dans les bras l'un de l'autre : mais plus on sent
le plaisir, plus on desire vivement celui qu'on n'a
pas.

Ismene éperdue se connoît à peine : jusqu'ici elle
n'avoit voulu que s'amuser, dirai-je, à l'ombre de
la volupté ? Jeux d'enfans aujourd'hui ! Tous les
feux de l'amour n'ont rien de trop pour elle ; que
dis-je ! ils sont trop foibles, séparés ; pour les
augmenter, elle veut les unir, quoiqu'il en puisse
arriver. « Jamais, dit-elle en modérant ses transf-
» ports, je ne serai femme de la façon d'un autre
» amant : mais qu'il faut aimer pour consentir à
» l'être de cette fabrique-là » ! Isménias ravi, tout
en la rassurant, la ménageoit si singulierement,
s'avançoit peu-à-peu si doucement dans la carriere,
& prépara enfin si bien sa victoire, qu'Ismene fit
un cri. . . . Amour, tu te joues des projets de nos
foibles cœurs ! Mais sous quel autre empire seroient-
ils plus heureux ?

Qu'entends-je ! quels gémissemens ! l'affliction est peinte sur le visage du plus tendre amant ! Les pleurs coulent de ses yeux, il touche à la plus cruelle absence. C'est un jeune guerrier, que l'honneur & le devoir obligent de devancer son prince en campagne. Il part demain, plus de delai, il n'a plus qu'une nuit à passer avec ce qu'il aime ; l'amour en soupire.

Mais quels vont être ces adieux ! & comment les peindrai-je ? Si la joie est commune, la tristesse l'est aussi ; les larmes de la douleur font confondues avec celles du plaisir, qui en est plus tendre. Que d'incertains soupirs ! quels regrets ! quels sanglots ! Mais en même temps quelle volupté d'ame & quels transports ! Quel redoublement de vivacité dans les caresses de ces tristes amans ! Les délices qu'ils goûtent en ce moment même, qu'ils ne goûteront plus le moment suivant ; le trouble où la plus périlleuse absence va les jetter, tout cela s'exprime par le plaisir & s'abyme dans lui-même : mais puisqu'il sert à rendre deux passions diverses, il va donc être doublé pour cette nuit. Doublé ! ah ! que dis-je ! il sera multiplié à l'infini ; ces heureux amans vont s'enivrer d'amour, comme s'ils en vouloient prendre pour le reste de leur vie. Leurs premiers transports ne font que feu ; les suivans les surpassent ; ils s'oublient ; leurs corps lubriquement étendus l'un sur l'autre, & dans mille postures recherchées, s'embraffent, s'entrelacent, s'uniffent : leurs ames plus étroitement unies s'embrâlent alternativement & tout enfemble ; la volupté va les chercher jufqu'aux extrémités d'eux - mêmes ; & non contentes des voies ordinaires, elle s'ouvre des paffages au travers de tous les pores, comme pour fe communiquer avec plus d'abondance : femblable à ces fources qui, trop refferrées par l'étroit tuyau dans lequel elles ferpentent, ne fe contentent pas d'une iffue auffi large qu'elles-mêmes, crevent & fe font jour en mille endroits ; telle eft l'impétuofité du plaifir.

Quels font alors les propos de ces amans ! s'ils parlent de leurs plaifirs préfens, s'ils parlent de leurs regrets futurs, c'eft encore le plaifir qui exprime ces divers fentimens, c'eft l'interprete du cœur. Ce *je ne vous verrai plus* fe dit avec tendreffe ; il fe dit encore avec paffion , il excite un nouveau tranfport ; on fe rembraffe , on fe refferre , on fe replonge dans la plus douce ivreffe, on s'inonde, on fe noie dans une mer de voluptés. L'amante toute en feu fixe au plaifir fon amant, avec quelle ardeur & quel courage ! Rien en eux n'eft exempt de ce doux exercice : tout s'y rapproche, tout y contribue : la bouche donne cent baifers les plus lafcifs, l'œil dévore, la main parcourt ; rien n'eft diftrait de fon bonheur ; tout s'y livre avidement ; le corps entier de l'un & de l'autre eft dans le plus grand travail ; une douce mélancolie ajoute au plaisir je ne sais quoi de singuliérement piquant, qui l'augmente & met ces heureux amans dans la situation la plus rare & la plus intéressante. Amour, c'est de ces amans que tu devois dire,

Vîte, vîte, qu'on les dessine
Pour mon cabinet de Paphos.

Ils t'en auroient donné le temsp, je les vois mollement s'appésantir & se livrer au repos qu'une douce fatigue leur procure ; ils s'endorment ; mais la nature, en prenant ses droits sur le corps, les exerce en même temps sur l'imagination ; elle veille presque toujours ; les songes sont, pour ainsi dire, à sa solde ; c'est par eux qu'elle fait sentir le plaisir aux amans, dans le sein même du sommeil. Ces fideles rapporteurs des idées de la veille, ces parfaits comédiens qui nous jouent sans cesse nos passions dans nous-mêmes, oublieroient-ils leur rôle, quand le théatre est dressé, que la toile est levée, & que de belles décorations les invitent à représenter ? Les criminels dans les fers font des rêves cruels, le mondain n'est occupé que de bals & de spectacles ; le trompeur est artificieux, comme le lâche est poltron en dormant : l'innocence n'a jamais rêvé rien de terrible. Voyez le tendre enfant dans son berceau, son visage est uni comme

une glace, ſes traits ſont rians, ſa petite paupiere
eſt tranquille, ſa bouche ſemble attendre le baiſer
que ſa nourrice eſt toûjours prête à lui donner.
Pourquoi le voluptueux ne jouiroit-il pas des mêmes bienfaits ? Il ne s'eſt pas donné au ſommeil ;
c'eſt le ſommeil qui l'a ſaiſi dans les bras de la volupté. Morphée, après l'avoir enivré de ſes pavots,
lui fera ſentir la ſituation charmante qu'il n'a quittée
qu'à regret. Belles, qui voyez vos amans s'endormir ſur votre beau ſein, ſi vous êtes curieuſes
d'eſſayer le tranſport d'un amant aſſoupi, reſtez
éveillées, s'il vous eſt poſſible ; le même cœur,
ſoyez-en ſures, la même ame vous communiquera
   mêmes feux, feux d'autant plus ardens, qu'il
ne ſera pas diſtrait de vous par vous-même. Il ſoupirera dans le fort de ſa tendreſſe, il parlera même
& vous pourrez lui répondre ; mais que ce ſoit
très-doucement : gardez-vous ſur-tout de le ſe-
conder, vous l'éveilleriez par les moindres efforts ;
laiſſez-le venir à bout des ſiens ; repréſentez-vous
tous les plaiſirs que goûte ſon ame, l'imagination
peint mieux à l'œil fermé qu'à l'œil ouvert ; figurez-vous comme vous y êtes divinement gravée !
jouiſſez de toute ſa volupté dans un calme profond
& dans un parfait abandon de vous-même ; oubliez-
vous pour ne vous occuper que du bonheur de
votre amant. Mais qu'il jouiſſe à la fin d'un doux
repos ; livrez-vous-y vour-meme, en vous déro-

bant adroitement de peur de l'éveiller ; ne vous embarraſſez pas du ſoin de revoir la lumiere, votre amant vous avertira du lever de l'aurore ; mais auparavant il ſe plaît à vous contempler dans les bras du ſommeil ; ſon œil avide ſe repaît des char—mes que ſon cœur adore ; ils recevront tous enſemble & chacun en particulier, l'hommage qui leur eſt dû. Que de beautés toujours nouvelles ! Il ſemble qu'il les voie pour la premiere fois. Ses regards curieux ne ſeroient jamais ſatisfaits ; mais il faut bien que le plaiſir de voir faſſe enfin place au plaiſir de ſentir. Avec quelle adreſſe ſes doigts voltigent ſur la ſuperficie d'une peau veloutée ! L'agneau ne bondit pas ſi légérement ſur l'herbe tendre de la prairie, l hirondelle ne friſe pas mieux la ſurface de l'eau : enſuite il étend toute la main ſur cette ſurface douce & polie, il la fait gliſſer…. on diroit une glace qu'il veut éprouver. Son deſir s'augmente par toutes ces épreuves, ſon feu s'irrite par de nouveaux larcins ; il va bientôt vous éveiller, mais peu-à-peu. Croyez-vous qu'il va prodiguer tous ces noms que ſa tendreſſe aime à vous donner ? Non, il eſt trop voluptueux ; ſa bouche lui ſera d'un autre uſage ; il donnera cent baiſers tendres à l'objet de ſa paſſion ; il ne les donnera pas brûlans. pour ne pas l'éveiller encore ; il s'approche, il héſite, il ſe fait violence ; il ſe tient légérement ſuſpendu au-deſſus d'une infinité

de

de graces qui agiſſent ſur lui avec toute la force de leur aimant ; il voudroit jouir d'une amante endormie. . . . . déjà il s'y diſpoſe avec toutes les précautions & l'induſtrie imaginables, mais en vain ; le cœur de Phylis eſt averti des approches de ſon bonheur, un doux ſentiment l'annonce de veine en veine ; ſes pores, ſenſibles à la plus légere titillation, s'ouvriroient à l'haleine de Zéphire. Il étoit temps, bergere, les tranſports de votre amant touchoient à leur comble : il n'étoit plus maître de lui. Ouvrez donc les yeux, & acceptez avec plaiſir les ſignes du réveil. « C'eſt moi, dit-il, c'eſt ton » cher Hylas, qui t'aime plus qu'il n'ait fait de ſa » vie ». Il ſe laiſſe enſuite tomber mollement dans vos bras, qu'un reſte de ſommeil vous fait étendre & ouvrir à la voix de l'amour ; il les entrelacera dans les ſiens ; il s'y confondra de nouveau. C'eſt ainſi qu'à peine rendue à vous-même, vous ſentirez la volupté du demi-réveil. L'homme a été fait pour être heureux dans tous les états de la vie.

C'eſt aſſez, profès voluptueux, l'amour ne perd rien à tous les ſermens qu'il fait faire ; jurez à votre maîtreſſe que vous lui ferez fidele, & levez-vous. C'eſt ici qu'il faut s'arracher au plaiſir que les regrets accompagnent. N'attendez pas les pleurs ni les plaintes d'une belle qui touche au moment de vous perdre, arrachez-vous encore une fois, & n'excitez point des deſirs ſuperflus. Les plaiſirs for cés font-ils des plaifirs? Songez que vous reverrez un jour votre amante, ou que l'amour, dont l'empire ne finit qu'avec l'univers, fenfible à de nouveaux befoins, vous enflammera pour d'autres bergeres, peut-être encore plus aimables.

Amans, qui êtes fur le point de quitter vos belles, que vos adieux foient tendres, paffionnés, plein de ces nouveaux charmes que la trifteffe y ajoute. Je veux que vous furpaffiez un peu la nature, mais ne l'excedez jamais : c'eft à la tendreffe à feconder le tempérament & à faire les derniers efforts. Qu'il feroit heureux de trouver une reffource imprévue, au moment même qu'on s'embraffe pour la derniere fois, au moment que les pleurs mutuels de deux amans prenant divers cours, femblent être les garans de leur douleur & de leur fidélité, en même temps que la marque & le terme de leurs plaifirs!

O vous! qui voulez faire croître les myrtes de Vénus avec les pavots de Morphée, voluptueux de tous les temps, prenez tous mon guerrier pour modele; ne craignez ni les caprices du réveil, ni le défaut de fentiment. Si le rendez-vous eft bien pris, fi les cœurs font d'intelligence, Flore en aura bientôt affez pour goûter à la fois & les douceurs du fommeil & celles de l'amour. Soyez feulement habile économe de vos plaifirs; fachez l'art délicat de les filer, de les faire éclorre dans le cœur d'une amante endormie ; & vous éprouverez que, si ceux du soir sont plus vifs, ceux du matin sont plus doux.

Comme on voit le soleil sortir peu-à-peu de dessous les nuages épais qui nous dérobent ses rayons dorés, que la belle ame de Flore perce de même imperceptiblement ceux du sommeil ; que son réveil exactement gradué comme aux sons des plus doux instrumens, la fasse passer en quelque sorte par toutes les nuances qui séparent ce qu'il y a de plus vif ; mais pour cela il faut que vos caresses le soient ; il faut n'arriver au comble des faveurs que par d'imperceptibles degrés ; il faut que mille jouissances préliminaires vous conduisent à la derniere jouissance : découvrez, contemplez, parcourez, contentez vos regards comme l'amant d'Issé : par eux le cœur s'enflamme, les baisers s'allument..... Mais n'en donnez point encore, revenez sur vos pas ; qui vous presse ? Etes-vous donc las de jouir ? Levez de nouveau çà & là doucement le voile léger qui cache à vos yeux tant d'attraits... Je ne vous retiens plus, eh ! le pourrois-je ? Heureux Pygmalion, vous avez une statue vivante que vous brûlez d'animer ! Déja le front, les yeux, l'incarnat des joues, ces levres vermeilles où se plaît l'amour, cette gorge d'albâtre où se perdent les desirs, ont reçu cent fois tour-à-tour vos timides baisers : déjà la sensible Flore semble s'animer sous la douce haleine du nouveau Zéphire. Je vois fa bouche de rofe faire un doux mouvement vers la vôtre : fes beaux bras s'étendent avec une molleffe dont le fimple réveil ne peut fe faire honneur ; fes mains commencent à s'égarer comme les vôtres, par-tout où l'inftinct d'amour les conduit. Plus réveillée qu'endormie, plus doucement émue que vivement agitée, il eft temps de paffer à des mouvemens qui ne feront pas plus ingrats qu'elle. Flore y répond....... Douce-ment, doucement, Tircis..... point encore..... Elle fe fouleve à peine..... Mais que vois-je ! Un de fes beaux yeux s'eft ouvert ; votre air de vo-lupté a paffé dans fon ame, fes baifers font plus vifs, fes mains plus hardies.... J'entends des fons entrecoupés.... Heureux Tircis, que tardez-vous ? Tout eft prêt jufqu'au plaifir.

Quels plaifirs, grands dieux ! que ceux de l'amour ! peut-on appeler plaifir tout ce qui n'eft pas l'amour ? Heureux ces vigoureux defcendans d'Alcide qui portent dans leurs veines tous les feux de Cythere & de Lampfaque ! pour eux la jouiffance eft un vrai befoin renaiffant fans-ceffe ; mais plus heureux encore, ceux dont l'imagination vive tient toujours les fens dans l'avant-goût du plaifir, & comme à l'uniffon de la volupté ! Pour ces amans tous les jours fe levent fereins & voluptueux : examinez leurs yeux, & jugez, fi vous pouvez, s'ils vont au plaifir ou s'ils en viennent. Si les préludes

leur font chers, que fes reftes leur font précieux !
Eft-ce la volupté même qui plane dans fon
atmofphere ? Voyez-vous comme ils les ménagent,
les chériffent, les recueillent en filence, les yeux
fermés, comme au centre de leur imagination
ravie, femblables à une tendre mere qui couvre
de fes aîles & retient dans fon fein fes petits qu'elle
craint de perdre ! vos tranfports font à peine finis,
Climene, & vous avez déja la force de parler !
ah ! cruelle !

Dans le fouverain plaifir, dans cette divine
extafe ou l'ame femble nous quitter pour paffer dans
l'objet adoré, où deux amans ne forment qu'un
meme efprit animé par l'amour, quelque vifs que
foient ces plaifirs qui nous enlevent hors de nous-
mémes, ce ne font jamais que des plaifirs : c'eft
dans l'état doux qui leur fuccede, que l'ame en
paix, moins emportée, peut goûter à longs traits
tous les charmes de la volupté. Alors en effet elle
eft à elle-même, précifément autant qu'il faut pour
jouir d'elle-méme ; elle contemple fa fituation
avec autant de plaifir qu'Adonis fa figure, elle la
voit dans le miroir de la volupté. Heureux momens,
délire ou vertige amoureux, quelque nom qu'on
vous donne, foyez plus durables, & ne fuyez pas
un cœur qui eft tout à vous.

Ne m'approchez pas, mortels fâcheux & turbulens, laiffez-moi jouir..... Je fuis anéanti, im-

mobile; j'ai à peine la force d'ouvrir des yeux fermés par l'amour. Mais que cette langueur a de charmes! Eſt-ce un rêve ou une réalité? Il me ſemble que je m'aflaiſſe, mais pour tomber, heureux Sybarite, ſur un monceau de feuilles de roſes. La molleſſe, avec laquelle tous mes ſens ſe replient ſur tant de délices, me les rappelle. Douce ivreſſe! je jouis encore des faveurs de Thémire; je la vois, je la tiens entre mes bras. Il n'y a pas dans tout ſon beau corps une ſeule partie que je ne careſſe, que je n'adore, que je ne couvre de mes baiſers. Ah dieux! que d'attraits & que d'hommages réels mérite l'illuſion même! que ne puis-je toujours ainſi vous voir, adorable Thémire! votre idée me tiendroit lieu de vous-même. Pourquoi ne me ſuit-elle pas par-tout? L'image de la beauté vaut la beauté même, ſi elle n'eſt encore plus ſéduiſante. Doux ſouvenir de mes plaiſirs paſſés, ne me quittez jamais! Paſſés! que dis-je! Non, amour, ils ne le ſont point. Je ſens votre auguſte préſence.... Doux plaiſir!.... Quelle volupté! Mes yeux s'obſcurciſſent.... Ah Thémire!... Ah! dieu puiſſant! ſe peut-il que l'abſence ait tant de charmes, & que nos foibles organes ſuffiſent à cet excès de bonheur? Non, de ſi grands biens ne peuvent appartenir qu'à l'ame, & je la reconnois immortelle à ſes plaiſirs.

Souffre, belle Thémire, que je me rappelle ici

jufqu'aux moindres difcours que tu foupirois la premiere fois... Quel combat enchanteur de la vertu,
de l'eftime & de l'amour! comme à des mouvemens
ingrats il en fuccéda peu-à-peu de plus doux qui
ne t'inquiétoient pas moins! je vois tes paupieres
mourantes, prêtes à fermer des yeux adoucis,
attendris par l'amour. Le rideau du plaifir fut bientôt tiré devant eux; la force t'abandonnoit avec la
raifon, tu ne voyois plus, tu ne favois ce que tu
allois devenir, tu craignois; hélas! que cette fimplicité ajoutoit à tes charmes & à mon amour; tu
craignois de tomber en foibleffe, & de mourir au
moment même que tu allois verfer bien d'autres
larmes que les premieres, que tu allois fentir le
bien-être & le plus grand des plaifirs. De quelle
volupté encore ta tendreffe fut fuivie! Quels nouveaux & violens tranfports! Dieux jaloux! refpectez
l'égarement d'une mortelle charmante qui s'oublie
dans les bras qu'elle adore, plus heureufe! que
dis-je! plus déeffe en ces momens que vous n'etes
dieux! Amour, tu ne l'es toi-même que par nos
plaifirs!

Quel autre pinceau que celui de Pétrone pourroit
peindre cette premiere nuit!.... Quels plaifirs
enveloppa fon ombre voluptueufe? quelle extafe!
que de jouiffances dans une! Brûlans d'amour,
collés étroitement enfemble, agités, immobiles,
nous nous communiquions des foupirs de feu: nos

deux ames confondues par les baifers les plus ardens, ne fe connoiffoient plus ; éperdument livrées à toute l'ivreffe de nos fens, elles n'étoient plus qu'un tranfport inexprimable, avec lequel, heureux mortels, nous nous fentions délicieufement mourir.

Si les plaifirs du corps font fi vifs, quels font ceux de l'ame ! Je parle de cette tendreffe pure, de ces goûts exquis qui femblent faire diftiller la volupté goutte à goutte au fond de nos ames, tellement enivrées, tellement remplies de la perfection de leur état, qu'elles fe fuffifent à elles-mêmes & ne defirent rien. Ah ! que les cœurs qui font pénétrés de cette divine façon de fentir font heureux ! oui, j'en jure par l'amour même, j'ai vu des momens, dieux ! quels momens ! où ma Thémire s'élevant au-deffus des voluptés du corps, méprifoit dans mes bras des faveurs que l'amour eût dédaignées lui-même.

Toute tendreffe, toute ame, dieux quelle exiftence ! difoit-elle. Non, je n'avois point encore connu l'amour........ Rejettant enfuite tout autre fentiment plus vif, fans doute parce qu'ayant moins de douceur, fa vivacité même fait alors une forte de violence, laiffe-moi, laiffe-moi goûter en paix & fans mélange un bien être fi grand, fi parfait : le plaifir corromproit mon bonheur.

Je regardois ma Thémire avec l'attendriffement

qu'elle m'avoit infpiré. Tant d'amour avoit fait couler quelques larmes de fes yeux, qui en étoient plus beaux. Dans fon amoureufe mélancolie, fon cœur n'avoit pu contenir tout le torrent de tendreffe dont il fembloit inondé. Mais enfin les fens fe réveillant peu-à-peu, rentrerent dans leurs droits, & nos ébats devenus plus vifs, fans en être moins tendres ; non, reprit Thémire, non, tu ne connois point encore tous mes tranfports ; je voudrois que toute mon ame pût paffer dans la tienne.

J'avois déja fait deux facrifices. Thémire enflammée croyoit toucher à chaque inftant l'heureux terme de fes plaifirs ; mais foit que l'amour, comme retenu par la tendreffe, fût encore fixé ou concentré au fond de fon cœur, foit qu'un tempérament trop irrité ne répondît pas à l'ardeur de fes defirs, je la vis, défefperée, témoigner, en frémiffant, qu'elle ne pouvoit fupporter tant d'agitation ; fon tranfport s'éleva jufqu'à la fureur. Quoi ! difoit-elle, le fort de Tantale m'eft réfervé dans le fein des plaifirs ?

Le moyen de ne pas mettre tout en œuvre pour calmer ce qu'on aime ! Comment refufer des plaifirs qui s'augmentent partagés !

Un troifieme facrifice appaifa peu-à-peu cette efpece de colere des fens mal fatisfaits. Le plaifir ne fut plus renvoyé : des mouvemens plus doux l'accueillirent & rappellerent la molle volupté.

Mes yeux étoient pleins d'amour : Thémire ouvrit
les siens, & voyant l'intérêt vif que je prenois au
succès de ses plaisirs, l'air élevé, animé, tout de
feu, dont je l'encourageois, dont je présidois au
combat, remplie elle-même alors du dieu qui me
possédoit, d'une voix douce & d'un regard mourant, enfin, dit-elle, ah ! viens vite, cher amant,
viens dans mes bras....... que j'expire dans les
tiens !

Quelle maîtresse, grands dieux ! jugez si je
l'adore, si je cesserai un moment de l'aimer, &
si elle a besoin d'être jeune comme Hébé, & belle
comme la Vénus de Praxitele, pour partager vos
autels !

Mais, à son tour, Thémire est contente ; elle
a pour amant non-seulement un grand maître dans
l'art des voluptés, mais un cœur, je dois le dire
à ta gloire, tendre amour, un cœur bien différent
de tous les autres, toujours amoureux, toujours
complaisant, qui ne rit, ne sent que pour elle ;
qui n'a point d'autre volonté, d'autre ame que
la sienne, qui ne murmura jamais de ses plus
injustes rigueurs. Pendant combien d'années me
suis-je contenté, que dis-je ! me suis-je trouvé trop
heureux des simples baisers, caresses & attouche-
mens, comme dit naïvement Montagne ? Si rien
ne doit jamais dégoûter un amant de l'objet
qu'il aime, si rien ne doit suspendre un service

dont l'amour permet la célébration, rien aussi ne doit rendre infracteur de la foi qu'on a jurée à sa maîtresse. Belles, vous jugerez vos amans par leur générosité ; c'est la balance des cœurs. Veulent-ils forcer vos goûts, violer votre prudence, & sans égard pour de trop justes craintes, vous exposer aux suites fâcheuses d'une passion sans retenue ? Soyez sûres qu'ils vous trompent, qu'ils ne font qu'impétueux, & que vous n'êtes pas vous-mêmes ce qu'ils aiment le plus en vous.

Voyons comment tous les sens concourent à nos plaisir. On fait déja que *Vénus* peut être *physique*, sans perdre de ses graces. Le plus beau spectacle du monde est une belle femme ; il se peint dans ses yeux : c'est par eux que passe dans l'ame l'image de la beauté, image agréable dont la trace nous suit par-tout, source féconde en amoureux desirs. Sans cet admirable organe, miroir transparent où se vient peindre en petit tout l'univers, on seroit privé de cette Sirene enchanteresse, aux pieges de laquelle il est si doux de se laisser prendre. C'est elle qui embellit tout ce qu'elle touche, & se représente tout ce qu'elle veut. Ses brillans tableaux charment nos ennuis dans l'absence, qui disparoit pour faire place à l'objet aimé dont l'imagination est le triomphe ; ses yeux de Lynx s'étendent sans bornes sur l'avenir comme sur le passé ; par eux, par la maniere dont ils font taillés, les objets les plus éloignés se rapprochent, se grossissent, & se montrent enfin sous les plus beaux traits; par eux le voluptueux jouit de ses idées; il les appelle, les éveille; écarte les unes, fixe & caresse les autres au gré de ses desirs. Non que je sache comment l'imagination broie les couleurs, d'où naissent tant d'illusions charmantes; mais l'image du plaisir qui en résulte est le plaisir même.

L'esprit, le charme de la conversation, la douceur de la voix, la musique, le chant, sans l'ouie, que d'attraits perdus! Sans l'odorat aurois-je le plaisir de sentir le parfum des fleurs & de ma Thémire? Sans le toucher, le satin de sa belle peau perdroit sa douceur! Quel plaisir auroit ma bouche, collée sur sa bouche avec mon cœur? Que deviendroient ces baisers amoureusement donnés, reçus, rendus, recherchés? Toutes ces voluptés badines qui changent les heures en momens, tous ces jeux d'enfans qui plaisent à l'amour, ne séduiroient plus nos tendres cœurs; cette partie divine seroit en vain légerement titillée, soit par les mains des graces, soit par le plus agile organe des mortels; ce bouton de rose n'auroit plus la même sympathie; cet harmonieux accord de deux plaisirs industrieusement réunis, ce doux concert de la volupté seroit détruit. En vain, Thémire, ces charmes, dont je suis idolâtre, tomberoient en grappe délicieufe dans la bouche voluptueufe qui les attend. Plus de reffources imprévues, plus de miracles d'amour défefpéré: ce qu'il y a de plus fenfible dans les amours des tendres colombes, feroit perdu avec la plus puiffante des voluptés.

Affez d'autres ont chanté les gloux-gloux de la bouteille; je veux célébrer ceux de l'amour, incomparablement plus doux. Je t'évoque ici du fein des morts, charmant abbé; quitte ces champs toujours verds & l'éternel printemps de ces jardins fleuris, riant féjour des ames généreufes qui ont joint le plaifir délicat de faire des heureux, au talent de l'être.... Je reconnois ton ombre immortelle, aux fleurs que la volupté feme fur tes pas. Explique-nous quelle eft cette efpece de philtre naturel.... dis, Chaulieu, par quel heureux échange nos ames, en quelque forte tamifées, paffent de l'un dans l'autre, comme nos corps. Dis comment ces ames, après avoir mollement erré fur des levres chéries, aiment à couler de bouche en bouche & de veine en veine, jufqu'au fond des cœurs en extafe. Y cherchent-elles le bonheur dans les fentimens les plus vifs? Quelle eft cette divine, mais trop courte métempfycofe de nos ames & de nos plaifirs!

Charmes magiques, aimant de la volupté, myfteres cachés de Cypris, foyez toujours inconnus aux amans vulgaires; mais pénétrant tous mes fens de votre augufte préfence, faites que je puiffe dignement peindre celui que vous excitez, & pour lequel tous les autres femblent avoir été faits. On le reconnoît à fon délicieux & puiffant empire : il interdit l'ufage de la parole, de la vue, de l'ouie, de la penfée, qui fait place au fentiment le plus vif : il anéantit l'ame avec tous fes fens ; il fufpend toutes les fonctions de notre économie ; il tient, pour ainfi dire, les rênes de l'homme entier, au gré de ces joies fouveraines & refpeclables, de ce fécond filence de la nature, qu'aucun mortel ne devroit troubler, fans être écrafé par la foudre : telle eft en un mot fa puiffance immortelle, que la raifon, cette vaine & fiere déeffe, rangée fous fon defpotifme, n'eft comme les autres fens, que l'heureufe efclave de fes plaifirs.

A ces traits qui peut méconnoître l'amour ? Qui peut ne pas rendre hommage à cette importante action de la nature, par laquelle tout croît, multiplie & fe renouvelle fans ceffe, & dont toutes les autres ne femblent être que des diftractions : diftractions néceffaires à la vérité, autorifées & même confeillées par l'amour, à condition qu'on n'en ait point en célébrant fes myfteres. O Vénus ! combien peu fentent le prix de tes faveurs ! Combien peu fe refpectent eux-mêmes dans les bras de la volupté ! Oui, ceux qui font alors capables de la moindre diftraction, ceux à qui tes plaifirs ne tiennent pas lieu de tous les autres, pour qui tu n'es pas tout l'univers, indignes du rang de tes élus, le font de tes bontés !

La volupté a son échelle, comme la nature; soit qu'elle la monte ou la descende, elle n'en saute pas un degré; mais parvenue au sommet, elle se change en une vraie & longue extase, espece de catalepsie d'amour qui fuit les débauchés & n'enchaine que les voluptueux.

Quelle est cette honnête fille que l'amour conduit tremblante au lit de son amant ! L'hymen seul que sa générosité refuse, pourroit la rassurer. Elle se pame dans les bras de Sylvandre, qui meurt d'amour dans les siens; mais réservée dans ses plaisirs, elle modere si bien ses transports, qu'il n'est que trop sûr qu'elle ne confondra que ses soupirs. Elle se défie de l'adresse même du dieu qu'elle chérit ; tout dieu qu'il est, elle ne l'en croit que plus trompeur. Sa virginité lui est moins chere que son amour ; sans doute sa curiosité seroit voluptueusement satisfaite avec celle de son amant; en faisant tout pour lui, elle croit n'avoir rien fait, parce que ce n'est point avec lui ; elle le refuse moins qu'elle-même ; mais enfin elle craint les fruits d'un amour éperdu, elle n'entend plus que la voix d'un fantôme qui lui dit de se respecter. Quelqu'excessive que soit la tendresse d'un cœur qui n'a jamais aimé, elle n'est point à l'épreuve

de l'infâmie. Dieu puiſſant! ſe peut-il qu'une foible mortelle que tu as ſi facilement féduite par tes
plaiſirs, ſe ſouvienne encore en aimant de tout ce
qu'on devroit oublier quand on aime?

A quel genre de volupté plus ſimple, plus épurée, ſuis-je parvenu! Ici l'églogue, la flûte à la
main, décrit avec une tendre ſimplicité les amours
des ſimples bergers. Tircis aime à voir ſes moutons paître avec ceux de Sylvandre; ils ſont l'image
de la réunion de leurs cœurs. C'eſt pour lui qu'amour
la fit ſi belle; il mourroit de douleur, ſi elle ne
lui étoit pas toujours fidelle. Là, c'eſt l'élégie en
pleurs, qui fait retentir les échos des plaintes &
des cris d'un amant malheureux. Il a tout perdu
en perdant ce qu'il aime; il ne voit plus qu'à regret la lumiere du jour; il appelle la mort à
grands cris, en demandant raiſon à la nature entiere de la perte qu'il a faite,

Il faut l'entendre exprimer lui-même la vivacité
de ſes regrets, entrecoupés de ſoupirs. La pudeur
augmentoit les attraits de ſon amante; elle la con-
ſervoit dans le ſein même des plus grands plaiſirs,
qui en étoient plus piquans. Avant lui, elle ne
connoiſſoit point l'amour. Il ſe rappelle avec tranſport les premiers progrès de la paſſion qu'il lui inſ-
pira, & tout le plaiſir mélé d'une tendre inquiétude
qu'elle eut à ſentir une émotion nouvelle. Pendant
combien d'années il l'aima ſans oſer lui en faire
l'aveu!

l'aveu! Comme il prit sur lui de lui déclarer enfin
sa passion en tremblant! Hélas! elle n'en étoit que
trop convaincue; tous ces beaux noms de sympathie ou d'amitié la déguisoient mal: elle sentoit
que l'amour se masquoit pour la tromper; & peut-
être sans le savoir, aide-t-elle ce dieu même à
donner à ce parfait amour autant de confiance,
que son dangereux respect lui en avoit inspiré à
elle-même. Mais se rendre digne des faveurs de
Sylvandre, étoit pour Damon d'un plus grand prix
que de les obtenir. Aimer, être aimé, c'étoit pour
son cœur délicat la premiere jouissance; jouissance
sans laquelle toutes les autres n'étoient rien. La
vérité des sentimens étoit l'ame de leur tendresse,
& la tendresse l'ame de leurs plaisirs; ils ne con-
noissoient d'autres excès que celui de plaire & d'aimer: c'est la volupté des cœurs.

Pleure, (eh! qu'importe que l'on pleure pourvu
qu'on soit heureux?) pleure infortuné berger: un
cœur amoureux trouve des charmes à s'attendrir;
il chérit sa tristesse, les joies les plus bruyantes
n'ont pas les douceurs d'une tendre mélancolie.
Pourquoi ne pas s'y livrer, puisque c'est un plaisir,
& le seul plaisir qu'un cœur triste puisse goûter dans
la solitude qu'il recherche? Un jour viendra, que
trop consolé tu regretteras de ne plus sentir ce
que tu as perdu. Trop heureux de conserver ton

chagrin & tes regrets : fi tu les perds, tu exifteras, comme fi tu n'avois jamais aimé.

Pourquoi vous mettre au rang des prudes, vous qui ne l'êtes pas, refpectable Zaïde ? Pourquoi accordez-vous à mon idée plus qu'à moi-même ? Je fuis tel que vous fuppofez ; vous n'avez, j'en jure par vos beaux yeux, vous n'avez pas plus à craindre avec l'original, qu'avec la copie. C'eft perdre de gaieté de cœur un bien réel, pour embraffer la nue d'Ixion. Raffurez-vous ; ne craignez ni indifcrétion ni inconftance, je n'en veux pour garans que vos charmes. Nos cœurs font faits l'un pour l'autre ; que la plus douce fympathie les enchaîne pour jamais. C'eft bien à nous, foibles mortels, à croire pouvoir être heureux fans le fecours de Vénus ! Quelque induftrieux que foient les moyens qu'on a imaginés, l'amour en gémit ; craignons fon courroux ; c'eft le plus redoutable des dieux. Venez, Zaïde, venez, ne fentez-vous donc point le vuide de votre condition ? & comment le remplir fans amour ? Voyez les lys dont il a parfemé votre beau teint ! C'eft pour donner à votre amant le plaifir de les changer en rofes. L'empire de Flore eft foumis à celui de l'amour. Un jour viendra, n'en doutez pas, que vous vous repentirez moins d'avoir aimé, fût-ce un volage, que de n'avoir point aimé. Tous ces beaux jours perdus dans une

froide indifférence, vous les regretterez, Zaïde,
mais en vain ; ils s'envolent & ne reviennent plus.

> *D'une ardeur extrême*
> *Le temps nous pourfuit.*
> *Détruit par lui-même,*
> *Par lui reproduit :*
> *Plus léger qu'Éole,*
> *Il naît & s'envole,*
> *Renaît & s'enfuit.*

Voyez ce jeune myrte ! fa vie est courte, il fera
bientôt flétri. Mais il profite du peu de jours qui
lui font accordés ; il ne fe refufe ni aux careffes de
Flore, ni aux douces haleines de Zéphire. Imitons-
le en tout, Zaïde ; & que fa vie, l'image de la
nôtre par la durée, le foit encore par les plaifirs.

Jeune Cloé, vous me fuyez.... En vain je vous
appelle, en vain je vous pourfuis.... Déjà tous vos
charmes fe dérobent à ma vue... raffurons-nous...
Les coquettes ne font que femblant de fe cacher.

A ces jeux que Virgile a fi bien peints, qui ne
voit les rufes & toute la coquetterie d'amour ?
Vous croyez le prendre fur des levres vermeilles !
L'enfant qu'il eft, s'y croit trop à découvert ! il
fe fauve ; il s'enfuit. Jeune Aurore, il eft déjà dans
les boucles de vos beaux cheveux ; comme il s'y
joue avec un fouffle badin d'une épaule à l'autre !

Que j'aime à le voir, las de voltiger comme un oiseau du lys à la rofe & de l'ivoire au corail, fe repofer enfin fur votre belle gorge! On l'y pourfuit, il n'y eft déjà plus. Par où s'eft-il gliffé ? Où fe cache-t-il ? Par-tout où habite la beauté. Il s'eft fait une derniere retraite, c'eft là qu'il aime à s'arrêter, « comme une tendre fauvette fur fes petits ». Pourfuivez-le encore : à l'air dont il demande grace, qu'on voit bien qu'il n'en veut point avoir! Il ne femble fe fixer au fiege de la volupté, il n'eft bien aife que fon empire ait des bornes, que pour avoir le plaifir de s'y laiffer prendre, & ne pas manquer d'excufe.

Tranfportons-nous à l'opéra ; la volupté n'a point de temple plus magnifique, ni plus fréquenté. Quelles font ces deux danfeufes autour de l'arche de Jephté ? Dans l'une, quelle agilité, quelle force, quelle précifion ! Le plaifir la fuit avec les jeux & les ris, fon efcorte ordinaire : l'autre, moins étonnante, féduit plus ; fes pas font mefurés par les graces & compofés par les amours. Quelle moëlle, quelle douceur ! L'une eft brillante, légere, nouvelle ; l'autre eft raviffante, inimitable. Si Camargo eft au rang des nymphes, vertueufe Salé, vous ornerez le chœur des graces. Divine enchantereffe, quelle ame de bronze n'eft pas pénétrée de la molleffe de tes mouvemens? Etends, déploie feulement tes beaux bras, & tout Paris eft plus enchanté qu'Amadis même!

Nouvelle Terpficore, je n'ai point à regretter ce genre de plaifirs. Sage C***, vous avez plus d'art, fans manquer de graces. D***, charmante D***, vous avez plus de graces, fans manquer d'art. Brillantes rivales, vous faites l'une & l'autre l'honneur des ballets d'Apollon.

Qu'entends-je! Le dieu du chant feroit-il defcendu fur la terre! Quels fons! quel défefpoir! Quels cris! Nouvel Atis, aimable Jéliote! fers-toi de tout l'empire que tu as fur les cœurs fenfibles: non jamais la puiffance d'Orphée n'egala la tienne! Et toi, fréle & furprenante machine, qui n'as point été faite pour penfer, le Maure, remercie l'amour de t'avoir organifée pour chanter; tu ravis nos ames par les fons de ta voix!

De combien de façons n'intéreffes-tu pas nos cœurs, puiffante Vénus, lors même que tu per-fécutes une malheureufe, dont le crime eft celui des dieux! Mérope, mere incomparable, ta ten-dreffe eft éperdue, c'eft prefque de l'amour. Je ne t'oublie point, adorable Zaïre, j'ai pour toi les yeux d'Orofmane; oui, tu étois digne d'un plus heureux deftin. Pourquoi faut-il qu'une flamme auffi pure foit éteinte par des préjugés que tu n'avois pas? L'amour devoit-il fouffrir qu'on éclairât la reine de son empire sur d'autres intérêts que ceux de la volupté ?

Le plaisir de la table succede à celui des spectacles. Le voluptueux fait choisir ses convives ; il veut qu'ils soient, comme lui, sensuels, délicats, aimables, & plutôt gais, plaisans, que spirituels. Il écarte tout fâcheux conteur, tout ennuyeux érudit. Sur-tout point de beaux esprits ; ils aiment plus à briller qu'à rire. Des bons mots, des saillies, quelques étincelles, (l'esprit a sa mousse comme le Champagne) mais plus encore de joie ; & que le goût du plaisir pétille dans tous les yeux, comme le vin dans la fougere. Le gourmand gonflé, hors d'haleine dès le premier service, semblable au cigne de La Fontaine, est bientôt sans desirs. Le voluptueux goûte de tous les mets : mais il en prend peu, il se ménage, il veut profiter du tout. Comus est son cuisinier, & la fine Vénus a bien ses raisons pour fournir ses ingrédiens. Les autres sablent le champagne ; il le boit, le boit à longs traits, comme toutes les voluptés. Vous sentez qu'il préfere à tout ces charmans tètes-à-tètes, où les coudes sur la table, les jambes entrelacées dans celles de sa maîtresse, les yeux sont le plus foible interprete du langage du cœur. Versez, Iris, versez à plein verre. « Qu'il endorme, ou qu'il » excite, la traite est petite, de la table au lit ». Cette nuit, distillé par l'amour, il vous sera rendu...

Mais auparavant accordez à Bacchus ce qui est dû à Bacchus; laissez-le reposer dans les bras de Morphée; il ne pourroit fournir qu'une foible carriere. Déesse de Cythere, je sais quels hommages sont dûs à vos charmes; mais attendez à voir paroître votre étoile! Vous entendez mal vos intérêts..... Iris, n'éveillez pas si-tôt votre amant.

Suivons par-tout le voluptueux, dans ses discours, dans ses promenades, dans ses lectures, dans ses pensées, &c. Il distingue la volupté du plaisir, comme l'odeur de la fleur qui l'exhale, ou le son de l'instrument qui le produit. Il définit la débauche, un excès de plaisir mal goûté; & la volupté, l'esprit & comme la quintessence du plaisir, l'art d'en user sagement, de le ménager par raison, & de le goûter par sentiment. Est-ce sa faute après cela, si on a plus de desirs que de besoins? Il est vrai que le plaisir ressemble à l'esprit aromatique des plantes; on n'en prend qu'autant qu'on en inspire: c'est pourquoi vous voyez le voluptueux prêter à chaque instant une oreille attentive à la voix secrette de ses sens dilatés & ouverts; lui, comme pour mieux entendre le plaisir; eux, pour mieux le recevoir. Mais s'ils n'y sont pas propres, il ne les excite point: il perdroit le point de vue de son art, la sagesse des plaisirs.

La nature prend-elle ſes habits de printemps ? prenons, dit-il, les nôtres ; faiſons paſſer dans nos cœurs l'émail des prés & la verte gaieté des champs. Parons notre imagination des fleurs qui rient à nos yeux. Belles, parez-en votre ſein, c'eſt pour vous qu'elles viennent d'éclorre ; mais prenez encore plus d'amours que de fleurs. Enivrez-vous de tendreſſe & de volupté, comme les prés s'enivrent de leurs ruiſſeaux. Chaque être vous adreſſe la parole ; feriez-vous ſourdes à la voix, à l'exemple de la nature entiere ? Voyez ces oiſeaux : à peine éclos, leurs aîles les portent à l'amour ! Voyez comme ce dieu badin folâtre ſous la forme de Zéphire autour de ce verd feuillage ! Les fleurs même ſe marient ; les vents ſont leurs meſſagers amoureux. Chaque choſe eſt occupée à ſe reproduire.

Vous, qui avez tant de ſentiment, Corine.... venez. Si l'inſtinct jouit plutôt que l'eſprit, l'eſprit goûte mieux que l'inſtinct.

Qu'un ſimple bouquet a de charmes pour un amant ! *L'amour eſt-il niché dans ces fleurs ?* Daphnis croit le reſpirer lui-même : on diroit qu'il veut l'attirer dans ſon cœur par une voie nouvelle. Mais quel feu ſecret ! Quelle douce émotion ! Et quelle en eſt la cauſe ? *C'eſt qu'il étoit contre le cœur de ſa chere Théreſe.* En reçoit-elle un à ſon tour des mains de fon berger? Il le fuit des yeux. Que ces fleurs font heureufes d'être fi bien placées! Elles ornent le trône des amours! Il envie leur fort; il voudroit, comme elles, expirer fur ce qu'il aime.

La douleur eft un fiecle, & le plaifir un moment; ménageons-nous pour en jouir, dit le convalefcent voluptueux. Reprend-il un nouvel être? Il eft enchanté du fpectacle de l'univers. Heureufe abeille! il n'y a pas une fleur dont il ne tire quelque fuc: fes narines s'ouvrent à leur agréable parfum. Une table bien fervie ranime fon appétit, un vin dé-licieux flatte fon palais, un joli minois le met tout en feu: que dis-je!

> » *La premiere Philis des hameaux d'alentour*
> » *Eft la Sultane favorite,*
> » *Et le miracle de l'amour.*

Lesbie, vous êtes charmante, & je vous aime plus que Catulle ne vous a jamais aimé.... Mais vous êtes trop *libidineufe*: on n'a pas le temps de defirer avec vous. Dejà... pourquoi fi vîte? J'aime qu'on me réfifte, & qu'on me prévienne, mais avec art, ni trop, ni trop peu: j'aime une certaine violence, mais douce, qui excite le plaifir fans le déconcerter. La volupté a fon foleil & fon ombre: croyez-moi, Lesbie, reftons encore quelque temps à l'ombre ; ombre charmante , ombre chérie des femmes voluptueuses, nous ne nous quitterons que trop tôt ! Ne fentez-vous donc pas le prix d'une douce réfiftance, & d'un bien plus doux amu-fement ? Il n'y a pas jufqu'à la foibleffe même dont on ne puiffe tirer parti. Que Polyénos, Afcylthe, & tous les Mazulims du monde ne fe plaignent plus de leur défaftre, l'attente du plaifir en eft un. Circé s'en loue, elle remercie fon amant de ce qui bleffe au moins la vanité des autres femmes. Circé rend graces à une trop heureufe impuiffance ; c'eft qu'elle n'eft que volup-tueufe : fon plaifir en a duré long-temps, fes defirs n'ont point fini. Les langueurs du corps empêchent donc quelquefois les langueurs de l'ame ! Quoi! elles foutiennent la volupté ! Qui l'eût cru, fans l'expérience de la *parodie* du *pavot* de Virgile ? Parodie fi brufque quelquefois, au milieu même des plus *grands airs*, qu'on a bien de la peine à n'en pas rire, au hafard d'augmenter le dépit de Vénus.

Si le voluptueux fe promene, le plus beau lieu, le chant des oifeaux, la fraîcheur des ruiffeaux & des zéphirs, un air embaumé de l'efprit des fleurs ; la plus belle vue, la plus fuperbe allée, celle où Diane fe promene elle-même avec toute fa cour ; voilà ce qu'il choifit & ce qu'il quitte

bien plus volontiers, soit pour lire au frais Crébillon ou Chaulieu ; soit pour s'égarer dans un
bois, & fouler avec quelque driade le gazon
touffu d'un bosquet inaccessible aux profanes.
Lambris dorés, que les flûtes & les voix font
retentir, charmez-vous ainsi le magnifique ennui
des rois ?

S'il attend sa maîtresse, c'est dans le silence &
le mystere ; tous ses sens tendus semblent écouter ;
il ose à peine respirer ; un faux bruit l'a déjà
trompé plus d'une fois : puissé-je l'être toujours
ainsi. Tout dort, & Julie ne vient point ? L'im-
patience de l'un surpasse la prudence de l'autre.
Il ne se connoît plus, il brûle, il frémit du plaisir qu'il n'a pas encore.... Que sera-ce & quels
transports, quand un objet si tendrement chéri,
si vivement imaginé, éclairé par le seul flambeau de l'amour...... Heureux Sylvandre, voilà
Julie !

Issé est-elle dans les bras du sommeil ? Celui
de l'amour même n'est pas plus respecté ; il
ordonne aux ruisseaux de murmurer plus bas ;
il voudroit imposer silence à la nature entiere.
Issé ne s'éveillera que trop tôt, elle est dans la
plus galante attitude. Voyez celle de l'amant !
voyez ses yeux ! Que de charmes ils parcourent !

Favorife le dieu du fommeil, & qu'ils ayent le temps de fe *payer des larmes qu'ils ont verfé pour eux !*

Beaux jours d'Hébé ! quoi ! vous ne reviendrez plus ! Je ferai déformais impitoyablement livré au vuide d'un cœur fans tendreffe & fans defir : vuide affreux que tous les goûts, tous les arts, toutes les diffipations de la vie ne peuvent remplir ! Que je fente du moins quelquefois les flatteufes approches du plus refpectable des dieux, figne confolateur d'une amante éperdue ; & tel qu'au nautonnier allarmé fe montre la brillante étoile du matin. Plaifir, ingrat plaifir, c'eft donc ainfi que tu traites qui t'a tout facrifié ! Si j'ai perdu mes jours dans la volupté, *ah rendez-les moi, grands dieux*, pour les reperdre encore !

Je fuis jaloux de ton bonheur, trop heureux pêcher. La nature t'a traité en mere, & l'homme en marâtre. Un doux zéphir a fouflé dans les airs, une nouvelle chaleur te rappelle à la vie ; tes boutons paroiffent, fe développent bientôt ornés de fleurs ; tu feras enfin chéri pour tes excellens fruits ! Combien de printemps t'ont rajeuni ! Combien d'autres te rajeuniront encore, tandis que le premier de l'homme, hélas ! eft auffi fon dernier ! Quoi ! cet arbre fleuri qui fait l'honneur du champ, qui a plus de sentiment que tous les êtres ensemble, ne seroit qu'une plante éphémere, éclose le matin, le soir flétrie ; moins durable que ces fleurs, qui du moins sûres de parer nos campagnes durant l'été, embelliront peut-être l'automne même ! Spectacle enchanteur, dont l'éternité même ne pourroit me rassasier, un destin, cruel sans doute, nous arrache au plaisir de vous voir & de vous admirer sans cesse, mais il est inévitable. Ne perdons point le temps en regrets frivoles ; & tandis que la main du printemps nous caresse encore, ne songeons point qu'elle va se retirer ; jouissons du peu de momens qui nous restent ; buvons, chantons, aimons qui nous aime ; que les jeux & les ris suivent nos pas ; que toutes les voluptés viennent tour-à-tour, tantôt amuser, tantôt enchanter nos ames ; & quelque courte que soit la vie, nous aurons vécu.

Le voluptueux aime la vie, parce qu'il a le corps sain, l'esprit libre & sans préjugés : amant de la nature, il en adore les beautés, parce qu'il en connoît le prix : inaccessible au dégout, il ne comprend pas comment ce poison mortel vient infecter nos cœurs. Au-dessus de la fortune & de ses caprices, il est sa fortune à lui-même : au-dessus de l'ambition, il n'a que celle d'être heureux : au-dessus des tonnerres, philosophe Epicurien, il ne craint pas plus la foudre que la mort. Les arbres fe depouillent de leur verdure, il conferve fon amour. Les fleuves fe changent en marbre, un froid cruel gele jufqu'aux entrailles de la terre, il brûle des feux de l'été. Couché avec fa chere Délie, la rigueur de l'hiver, le vent, la pluie, la grêle, les élémens déchaînés ajoutent au bonheur de Tibule. Si la mer eft calme & tranquille, le voluptueux ne voit dans cette belle nappe d'huile, qu'une parfaite image de la paix. Si les flots bouleverfés par Eole en furie, menacent quelque vaiffeau du naufrage, ce tableau mouvant de la guerre, tout effrayant qu'il eft, il le voit avec le plaifir d'un homme éloigné du danger. Ce n'eft pas là un de ceux que court volontiers la volupté.

Tout eft plaifir pour un cœur voluptueux ; tout eft rofes, œillets, violettes dans le champ de la nature. Senfible à tout, chaque beauté l'extafie ; chaque être inanimé lui parle, le réveille ; chaque être inanimé le remue ; chaque partie de la création le remplit de volupté. Voit-on paroître la riante livrée du printemps ? Il remercie la nature d'avoir prodigué une couleur fi douce & fi amie des yeux. Admirateur des plus frappans phénomenes, le lever de l'aurore & du foleil, cette brillante couleur de pourpre, qui fe jouant dans le brun des nuées, forme à fon couchant la plus belle décoration, les rayons argentés de la lune, qui confolent les voyageurs de l'abfence du plus bel aftre : les étoiles, ces diamans de l'Olympe, dont l'éclat eft relevé par le fond bleu auquel ils font attachés : ces beaux jours fans nuages, ces nuits plus belles encore, qui infpirent les plus douces rêveries, nuits vertes des forêts, où l'ame enchaînant fes penfées volages dans les bornes charmantes de l'amour, contente, recueillie, fe careffe elle — même & ne fe laffe point de contempler fon bonheur : ombre impénétrable aux yeux des Argus, où il fuffit d'être feul pour defirer d'etre avec vous, Thémire ; d'etre avec vous pour oublier tout l'univers. Que dirai-je enfin ? toute la nature eft dans un cœur qui fent la volupté.

Vous la fentez, Sapho, vous éprouvez l'empire de cette puiffante divinité. Mais quel fingulier ufage vous en faites ! Vous refufez aux uns ce que vous ne pouvez accorder aux autres ; vous jouez le fexe que vous n'avez pas, pour chérir celui que vous avez. Amoureufe de votre fexe, vous voudriez en changer ! Vous ne voyez pas que vous oubliez votre perfonnage, en faifant mal le nôtre, & que la nature abufée en rougit !

Ne nous élevons point contre cette ufurpation ; n'arrêtons point le cours d'un ruiffeau, qui conduit tôt ou tard à fa fource. Quand on prend de l'amour, on peut prendre une amante; le plaisir se lasse de *mentir.*

La vue des plaisirs d'autrui nous en donne. Avec quel air d'intérét la curieuse Suzon regarde les mysteres d'amour ! Plus elle craint de troubler les prêtres qui les célebrent, plus elle en est elle-même troublée ; mais ce trouble, cette émotion ravit son ame. Dans quel état la friponne est trouvée! Trop attentive, pour n'etre pas distraite, elle semble machinalement céder à la voluptueuse approche des doigts libertins!..... Pour la défen-chanter, il lui faudroit des plaisirs, tels sans doute que ceux dont elle a devant soi la seduisante image. L'amour se gagne à etre vu de près.

Oserois-je légerement toucher des mysteres secrets dont le seul nom offense Vénus, & fait prendre les armes à tout Cythere, mais qui cependant ont quelquefois le bonheur de plaire à la déesse, par l'heureuse application qu'on en fait ?

Le beau Giton gronde le satyre qu'il a choisi pour ses plaisirs: tout enfant qu'il est, il s'apperçoit bien de l'infidélité qu'Ascylthe lui a faite : il donne à son mari plus de plaisir qu'une femme véritable : est-il surprenant qu'il mette ses faveurs au plus haut prix, & que le plus joli cheval, le coursier de Macédoine le plus vîte puisse à peine les payer ?

Vous

Vous souvient-il de l'écolier de Pergame ? Grands dieux ! l'aimable enfant ! la beauté seroit-elle donc de tous les sexes ? Rien ne limiteroit-il son empire ? Que de déserteurs du culte de Cypris ! Que de cœurs enlevés à Cythere ! La déesse en conçoit une juste jalousie. Eh ! quel bon citoyen de l'île charmante qu'elle a fondée, ne soupireroit avec elle de toutes les conquêtes que fait le rivage ennemi ? Beau sexe, cependant, n'en soyez pas si jaloux. Pétrone a moins voulu dans l'excès de son raffinement, vous causer des inquiétudes, que vous ménager des ressources contre l'ennuyeuse uniformité des plaisirs. En effet combien d'amours petits ou timides (ceux-là sont si faciles à effaroucher) ont été bien aises de trouver un refuge, sans lequel, privés d'asyle, ils seroient peut-être morts de frayeur à la porte du temple ! Combien d'autres, excités par une simple curiosité philosophique, rentrant ensuite dans leur devoir, ont si bien servi le véritable amour, que pour ses propres intérêts, ce dieu des cœurs, en bon casuiste, n'a pu quelquefois se dispenser de leur accorder conditionnellement une indulgence dont il profitoit.

Vous avez de l'esprit, Céphise, & vous êtes révoltée par ces discours ! vous vous piquez d'être philosophe, & vous vous feriez un scrupule d'user

d'une reſſource permiſe & autoriſée par l'amour!
Quels ſeroient donc vos préjugés, ſi, comme tant
d'autres femmes, vous aviez le malheur de n'être
que belle ! Ah ! croyez-moi, chere amante, tout
eſt femme dans ce qu'on aime ; l'empire de l'amour
ne reconnoît d'autres bornes que celles du plaiſir.

Je te rends, amour, le pinceau que tu m'as prêté,
fais-le paſſer en des mains plus délicates ; & toi,
reſte à jamais dans mon cœur.

FIN du Tome troiſieme & dernier.

TABLE DES MATIERES

Contenues dans le Tome III.

FIN de la Table du Tome troisieme & dernier.

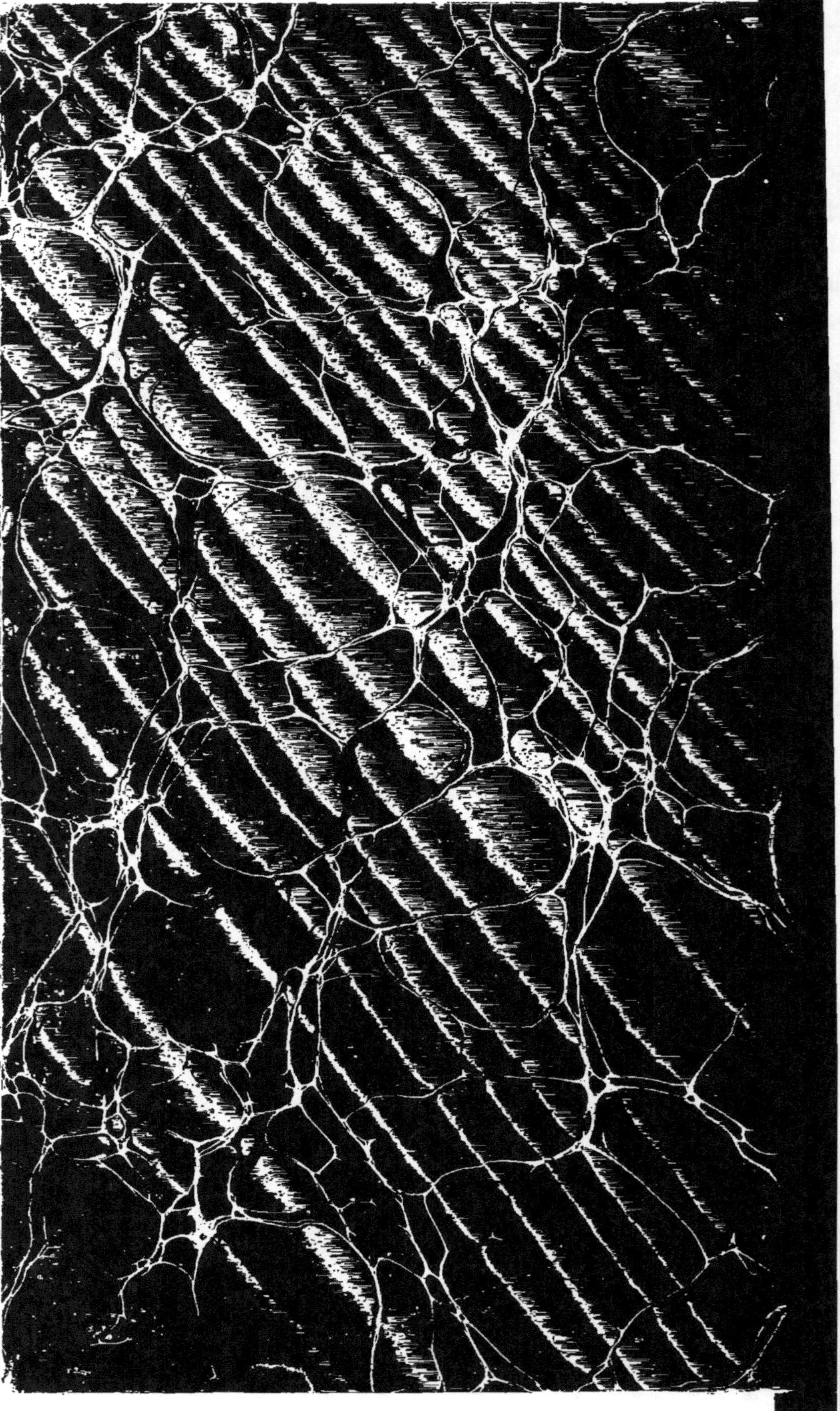

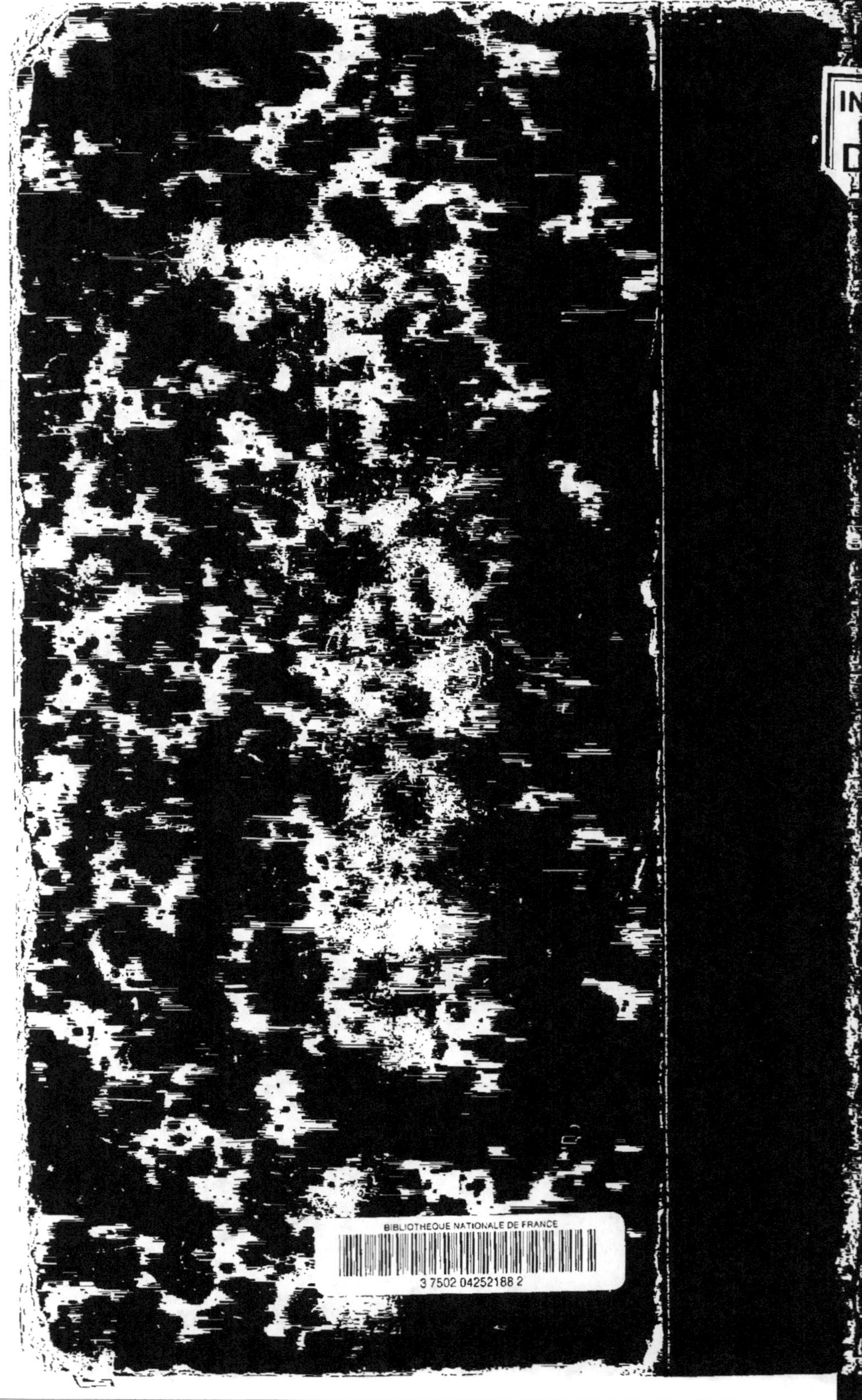
BIBLIOTHEQUE NATIONALE DE FRANCE

3 7502 04252188 2

www.ingramcontent.com/pod-product-compliance
Lightning Source LLC
LaVergne TN
LVHW021945030726
842523LV00001B/296